KARL OHL

Die Rechtsbeziehungen innerhalb des Investment-Dreiecks

Untersuchungen über das Spar-, Giro- und Kreditwesen

Abteilung B: Rechtswissenschaft

Schriften des Instituts für internationales Recht
des Spar-, Giro- und Kreditwesens an der Universität Mainz

Herausgegeben von
Prof. Dr. Walther Hadding und Prof. Dr. Uwe H. Schneider

Band 57

Die Rechtsbeziehungen innerhalb des Investment-Dreiecks

Von

Karl Ohl

Duncker & Humblot · Berlin

CIP-Titelaufnahme der Deutschen Bibliothek

Ohl, Karl:
Die Rechtsbeziehungen innerhalb des Investment-Dreiecks /
von Karl Ohl. – Berlin: Duncker u. Humblot, 1989
  (Untersuchungen über das Spar-, Giro- und Kreditwesen: Abt. B,
  Rechtswissenschaft; Bd. 57)
  Zugl.: Mainz, Univ., Diss., 1987
  ISBN 3-428-06631-6
NE: Untersuchungen über das Spar-, Giro- und Kreditwesen / B

Alle Rechte vorbehalten
© 1989 Duncker & Humblot GmbH, Berlin 41
Satz: Werksatz Marschall, Berlin 45
Druck: Werner Hildebrand, Berlin 65
Printed in Germany

ISSN 0720-7352
ISBN 3-428-06631-6

Inhaltsverzeichnis

Einleitung 9

Teil 1: Der Einfluß der Investmentpraxis des Auslands auf das KAGG 14

I. Der englische Investmenttrust 14

II. Die Entwicklung in den USA 17

III. Die Investmentpraxis in der Schweiz als Vorläufer des Investmentsparens in Deutschland 21

IV. Die Organisation des Investmentsparens vor dem Inkrafttreten des KAGG 23

Teil 2: Das Investment-Dreieck des KAGG 26

A. *Die Anteilinhaber* 26

I. Die Rechtsstellung der Anteilinhalber gegenüber dem Sondervermögen 26
  1. Der Begriff des Sondervermögens 26
  2. Die Eigentumsverhältnisse am Sondervermögen 27

II. Der Schutz der Rechte der Anteilinhaber am Sondervermögen ... 32
  1. Die Freistellung des Sondervermögens von der Haftung für Verbindlichkeiten 32
  2. Konkursaussonderung und Drittwiderspruchsklage 35

B. *Die Kapitalanlagegesellschaft* 38

I. Der Begriff der Kapitalanlagegesellschaft 38

Inhaltsverzeichnis

II. Die Rechtsbeziehungen zwischen der Kapitalanlagegesellschaft und den Anteilinhabern 40
  1. Der Investmentvertrag auf der Grundlage allgemeiner Geschäftsbedingungen 40
  2. Die Pflichten der Kapitalanlagegesellschaft gegenüber den Anteilinhabern 44
  3. Das Fehlen jeglicher Kontroll- und Einwirkungsmöglichkeiten der Anteilinhaber 46

III. Die Stellung der Kapitalanlagegesellschaft im Rechtsverkehr 48
  1. Ist die Stellung der Kapitalanlagegesellschaft mit der Rechtsstellung der Verwalter anderer Sondervermögen vergleichbar? 48
  2. Die treuhänderische Ermächtigung der Kapitalanlagegesellschaft 51

IV. Die Begrenzung der Verfügungsmacht 55

C. *Die Rechtsbeziehungen der Depotbank zur Kapitalanlagegesellschaft und zu den Anteilinhabern* 58

  I. Die Treuhand- und die Geschäftsbankkomponente der Depotbankfunktion 58

  II. Die Rechtsbeziehungen zwischen der Depotbank und der Kapitalanlagegesellschaft 64
    1. Kritik an der herrschenden Meinung 64
      a) Die Verwahrung des Sondervermögens aufgrund originärer Befugnisse 67
      b) Die Verwahrung des Sondervermögens im Falle des Ausscheidens der Kapitalanlagegesellschaft aus dem Investment-Dreieck 74
      c) Die Rechtsstellung des Hypothekenbanktreuhänders, des Schiffsbankktreuhänder, des Deckungsstocktreuhänders und des Vertrauensmannes nach dem Bausparkassengesetz 76
      d) Zwischenergebnis 82
    2. Die Vertragsbedingungen als Grundlage der Zusammenarbeit zwischen der Depotbank und der Kapitalanlagegesellschaft ... 84
    3. Die Zusammenarbeit der Depotbank mit der Kapitalanlagegesellschaft im Rahmen einer Innengesellschaft 88
      a) Der Gesellschaftsvertrag 88
      b) Die vom gesetzlichen Normaltypus der Gesellschaft bürgerlichen Rechts abweichende Organisation der Gesellschaft 90
    4. Zusammenfassung 93

III.	Die Rechtsbeziehungen zwischen der Depotbank und den Anteilinhabern	94
	1. Die Ablehnung der Theorie Klenks	95
	2. Das gesetzliche Schuldverhältnis zwischen der Depotbank und den Anteilinhabern	97
	3. Der Inhalt des gesetzlichen Schuldverhältnisses	100
D. Ergebnis		103

Teil 3: Die Rechtsbeziehungen zwischen der Depotbank und den Anteilinhabern nach dem Ausscheiden der Kapitalanlagegesellschaft aus dem Investment-Dreieck — 106

I.	Die Ablehnung der Theorie der Gesamtrechtsnachfolge	107
II.	Die Vermögenssicherungspflicht der Depotbank	110
	1. Inhalt und Umfang der Aufgabe	110
	2. Die über die Regelung einer Vermögenssicherungspflicht hinausgehende Bedeutung der §§ 13 und 14	113

Schlußbemerkung	117
Anhang	119
Literaturverzeichnis	132

Einleitung

Als der Gesetzgeber im Jahre 1957 das Gesetz über Kapitalanlagegesellschaften[1] (KAGG) verabschiedete, waren bereits fünf deutsche Investmentgesellschaften[2] tätig. Diese fünf Gesellschaften hatten sich bei der Wahl ihrer Rechtsform und auch in bezug auf die Ausgestaltung ihrer Rechtsbeziehungen zu ihren Anlegern an der Praxis im Ausland, vor allem an amerikanischen und schweizerischen Investmentgesellschaften orientiert.[3]

In England und in den USA hat das Investmentsparen eine lange Tradition, die in England bis in die sechziger Jahre des vorigen Jahrhunderts zurückgeht.[4]

Die damals mit dem Investmentsparen verbundenen Zielsetzungen[5] — „to give the investor of moderate means the advantages as the large capitalists in diminuishing the risk of investing in foreign and colonial Government stocks and reserving a portion of the extra interest as a sinking fund to pay off the original capital" — haben ihre Aktualität bis heute nicht verloren. Dies zeigt in sehr anschaulicher Weise die Begründung, die während der parlamentarischen Beratung des Entwurfs des KAGG im Bericht des Abgeordneten Neuburger[6] gegeben wurde:

„Das im Ausland, insbesondere in den USA, in der Entwicklung schon weit fortgeschrittene, in Deutschland jedoch verhältnismäßig junge Investment-

---

[1] Gesetz über Kapitalanlagegesellschaften in der Fassung vom 14.1.1970 (BGBl. I, S. 127), zuletzt geändert durch Artikel 3 des zweiten Gesetzes zur Förderung der Vermögensbildung der Arbeitnehmer durch Kapitalbeteiligungen (Zweites Vermögensbildungsgesetz) vom 19. Dez. 1986 (BGBl. I, S. 2595).

[2] Wie sich aus § 7 Abs. 1 KAGG und auch aus § 1 Abs. 1 KAGG i.V.m. § 1 Abs. 1 Satz 2 Ziff. 6 KWG ergibt, sind die Begriffe „Investmentgesellschaft" und „Kapitalanlagegesellschaft" identisch. Im Gegensatz zur Terminologie des KAGG ist in der Praxis der englische Begriff „Investmentgesellschaft" gebräuchlich. Beide Begriffe finden deshalb in der Arbeit Verwendung.

[3] Vgl. von Caemmerer, Kapitalanlage- oder Investmentgesellschaften, JZ 1958, 41 (44). — Reuter, Investmentfonds und die Rechtsstellung der Anteilinhaber, S. 31.

[4] Linhardt, Die Britischen Investment Trusts, S. 17 (25). — Schäcker, Entwicklung und System des Investmentsparens, S. 15 ff.

[5] Zitiert von Liefmann, Beteiligungs- und Finanzierungsgesellschaften, S. 169, als Text des Prospekts eines im Jahre 1868 aufgelegten englischen Investmentfonds.

[6] Vgl. S. 1 des schriftlichen Berichts des Abgeordneten Neuburger, Bundestagsausschuß für Geld und Kredit, Bundestagsdrucksache, 2. Wahlperiode, Nr. 29733 (neu).

sparen eröffnet breiten Bevölkerungskreisen die Möglichkeit, sich beim Wertpapiererwerb der Vorteile, die sonst nur ein großes Vermögen bietet, zu bedienen. Während der unmittelbare Erwerb einzelner Wertpapiere Sachkunde des Kapitalanlegers voraussetzt und trotzdem die Gefahr von Verlusten einschließt, wird das Risiko beim Investmentsparen durch die breite Streuung des Wertpapierstandes und durch die fachmännische Auswahl der Anlagewerte vermindert. Diese Funktion der Kapitalanlagegesellschaften ist heute besonders wichtig, weil denjenigen Schichten, die aufgrund ihrer Einkommensverhältnisse normalerweise schon für den Wertpapierbesitz in Betracht kommen, im allgemeinen noch die Kenntnisse auf dem Gebiet des Wertpapiermarktes fehlen."

Aus beiden Beschreibungen des Zwecks der Investmentgesellschaften wird deutlich, daß heute in gleicher Weise — wie bereits vor 100 Jahren — Anleger an das Wertpapiersparen herangeführt werden sollen, die über relativ kleine Sparbeträge verfügen und denen in der Regel die notwendige Sachkunde für Effektengeschäfte in eigener Verantwortung fehlt. An diese Gruppe von Sparern wenden sich die Investmentgesellschaften mit ihrem Dienstleistungsangebot, viele kleine Sparbeträge zusammenzufassen und unter Ausnutzung aller Vorteile, die durch die Bündelung der zusammenfließenden Geldbeträge zu erreichen sind, sorgfältig ausgewählte Aktien und festverzinsliche Wertpapiere zu erwerben und für ihre Anleger zu verwalten. Durch die Novellierung des KAGG im Jahre 1969[7] wurde das Investmentsparen auch auf Vermögensanlagen in Immobilien ausgedehnt. Das zweite Gesetz zur Förderung der Vermögensbildung der Arbeitnehmer durch Kapitalbeteiligungen (Zweites Vermögensbildungsgesetz) vom 19. Dezember 1986[8] hat mit der Einführung von Beteiligungs-Sondervermögen ein weiteres Betätigungsfeld für Kapitalanlagegesellschaften eröffnet.

Als der Gesetzgeber begann, die Geschäftsbeziehungen zwischen so ungleichen Partnern, wie den unerfahrenen und als Einzelperson auch wirtschaftlich schwachen Investmentsparern auf der einen und den mit allem „know how" versehenen Investmentgesellschaften auf der anderen Seite, zu regeln, hatte er einen Zielkonflikt zu lösen.

Es waren einerseits zum Schutze der Investmentsparer möglichst umfassende Vorkehrungen gegen Übervorteilung oder mißbräuchliche Verwaltung ihrer Gelder notwendig. Im Interesse einer profitablen Vermögensanlage mußte den Investmentgesellschaften jedoch andererseits möglichst viel

---

[7] Gesetz über den Vertrieb ausländischer Investmentanteile, über die Besteuerung ihrer Erträge sowie zur Änderung und Ergänzung des Gesetzes über Kapitalanlagegesellschaften vom 28. Juli 1969 (BGBl. I, S. 986).
[8] Veröffentlicht im Bundesgesetzblatt, Jahrgang 1986, Teil I, S. 2595 (2605).

Handlungsspielraum gelassen werden. Um beides zu erreichen, hat sich der Gesetzgeber der von der Praxis geschaffenen Institution der Depotbank bedient.

Die Einführung der Institution der Depotbank (§ 12 Abs. 1 S. 1)[9] führte dazu, daß das Investmentsparen zum Gegenstand von Rechtsbeziehungen zwischen insgesamt drei Parteien geworden ist, die zueinander in einem Dreiecksverhältnis von Rechtsbeziehungen stehen.

Das Besondere an der Stellung der Depotbank ist die Tatsache, daß ihr neben einer allgemeinen Kontrollfunktion (§ 12 Abs. 8) auch eine Reihe von Einzelaufgaben übertragen werden. So hat die Depotbank z. B. alle Vermögensgegenstände, die zu einem Sondervermögen gehören, zu verwahren (§ 12 Abs. 1 S. 1) und dafür zu sorgen, daß der Gegenwert aus allen für Rechnung der Anteilinhaber getätigten Geschäften in ihre Verwahrung gelangt (§ 12 Abs. 6). Außerdem hat sie die Anteilscheine auszugeben und zurückzunehmen (§ 12 Abs. 1 S. 1) und den Wert des Sondervermögens zu ermitteln (§ 21 Abs. 2 S. 3). Die regelmäßig durchzuführende Wertermittlung ist Grundlage für die Errechnung der Verkaufs- und Rücknahmepreise der Anteilscheine und damit maßgebend für die Abrechnungen gegenüber den Anteilscheinerwerbern.

Diese keineswegs erschöpfende Aufzählung zeigt, daß der Kapitalanlagegesellschaft wesentliche Funktionen entzogen werden, die an ihrer Stelle von der Depotbank wahrzunehmen sind. Wie im einzelnen noch zu erläutern sein wird,[10] steht eine Art „Doppelstrategie" dahinter, da der Depotbank vor allem solche Aufgaben übertragen werden, die, wie die Verwahrung von Vermögensgegenständen oder die Ausgabe von Anteilscheinen zu den banktypischen Dienstleistungen zählen. Mit dieser Art der Einbindung der Depotbank wird nicht nur die fachkundige Erledigung der ihr übertragenen banktypischen Aufgaben gewährleistet, sondern es wird der Kapitalanlagegesellschaft auch ein in allen Fragen der Geld- und Vermögensanlagen kompetenter Kontrolleur an die Seite gestellt.

Der Gedanke der Aufgabenteilung zwischen der Kapitalanlagegesellschaft und der Depotbank geht auf die amerikanische Investmentpraxis zurück, die die Verwahrung des Investvermögens sehr frühzeitig in dritte Hände legte und damit den Besitz an den Vermögensgegenständen von dem Verfügungs- und Verwaltungsrecht trennte.

Auch die Konzeption der ersten auf vertraglicher Basis errichteten deutschen Investmentfonds ging von diesem Prinzip der Aufgabenteilung zwischen der Investmentgesellschaft und der Depotbank aus.

---

[9] Die Vorschriften des Kapitalanlagegesetzes werden ohne Gesetzesangabe zitiert.
[10] Siehe unten Teil 2 Abschnitt C I.

12 Einleitung

Der KAGG-Gesetzgeber hat diesen Gedanken nicht nur aufgegriffen, sondern er hat ihn weiter ausgebaut, was seinen Niederschlag in dem bereits angesprochenen Katalog der Depotbankaufgaben gefunden hat.

Durch diese sehr weitreichende Einbeziehung der Depotbank in Tätigkeiten, die mit der Verwaltung des Sondervermögens zusammenhängen, entsteht zwischen der Kapitalanlagegesellschaft und der Depotbank ein Beziehungsverhältnis, das zum einen durch die Kontroll- und Schutzpflichten der Depotbank und zum anderen durch die Notwendigkeit der Zusammenarbeit gekennzeichnet ist.

Das Schrifttum orientiert sich bei der Bestimmung der Rechtsbeziehungen, die zwischen der Kapitalanlagegesellschaft und der Depotbank bestehen, am Wortlaut des § 12 Abs. 1 S. 1, der besagt, daß die Kapitalanlagegesellschaft ein anderes Kreditinstitut (Depotbank) mit der Verwahrung des Sondervermögens sowie mit der Ausgabe und Rücknahme der Anteilscheine zu beauftragen hat. Diese Regelung wird dahingehend interpretiert, daß die Kapitalanlagegesellschaft die Zusammenarbeit mit der Depotbank im Wege eines auf eine Geschäftsbesorgung gerichteten Dienstvertrages (§§ 675, 611 ff. BGB) zu vereinbaren hat, in den die Anteilinhalber in Form eines Vertrages zugunsten Dritter (§ 328 BGB) einbezogen werden.

Eine der Aussagen dieser Arbeit besteht in der von der Ansicht der herrschenden Meinung abweichenden These, daß die Rechtsbeziehungen zwischen der Kapitalanlagegesellschaft und der Depotbank nicht auf einem Austausch von Leistung und Gegenleistung beruhen. Soweit die Depotbank Kontroll- und Schutzaufgaben wahrnimmt, wozu auch die Verwahrung des Sondervermögens zählt, wird sie aufgrund originärer Befugnisse tätig. Außerhalb dieser Schutzfunktion wird die Zusammenarbeit zwischen der Kapitalanlagegesellschaft und der Depotbank dadurch gekennzeichnet, daß ihre Interessen gleichgerichtet sind und jeder von beiden seine eigene Leistung zur Erreichung des gemeinsam angestrebten Zwecks einer möglichst positiven Entwicklung des Investmentgeschäftes beiträgt. Die sich daraus ergebende gesellschaftsrechtliche Verbindung (§ 705 BGB) besteht in Form einer Innengesellschaft, wie sie im Konsortialgeschäft der Banken häufig anzutreffen ist.

Auch in bezug auf das Rechtsverhältnis der Depotbank zu den Anteilinhabern wird aufgezeigt, daß anstelle der von der herrschenden Meinung angenommenen vertraglichen Beziehungen ein gesetzliches Schuldverhältnis besteht.

Die Frage, welcher Art die Rechtsbeziehungen innerhalb des Dreiecksverhältnisses zwischen der Kapitalanlagegesellschaft, den Anteilinhabern und der Depotbank sind, ist nicht nur für das Investmentgeschäft von Interesse. In unserer arbeitsteilig organisierten Industriegesellschaft werden

Dienstleistungen zunehmend in Form eines Verbunds von Teilleistungen erbracht. Die Art der Verknüpfung ist teils rechtlicher, teils aber auch nur wirtschaftlicher Natur. Im zweiten Falle sieht sich derjenige, der Dienstleistungen entgegennimmt, die ungeachtet ihrer wirtschaftlichen Zusammengehörigkeit in rechtlich getrennter Form angeboten werden, dem Aufspaltungsrisiko ausgesetzt, an die eine Teilleistung gebunden zu bleiben, wenn bei der anderen Leistungsstörungen auftreten. Ein in der Rechtsprechung und im Schrifttum eingehend behandelter Fall ist der finanzierte Abzahlungskauf, der im Abzahlungsgesetz[11] nur in Form der Alternative geregelt wird, daß der Verkäufer dem Käufer einen Kredit gewährt.

Der Fall der Finanzierung in Form einer Darlehensgewährung von dritter Seite ist gesetzlich nicht erfaßt.

Probleme, die sich für den Käufer daraus ergeben, daß er im Rahmen eines wirtschaftlich einheitlichen Vorganges in einen Kauf- und einen Darlehensvertrag eingebunden ist, haben Rechtsprechung und Lehre mit dem Einwendungsdurchgriff des Abzahlungskäufers gelöst.[12]

Im Hinblick darauf, daß im Entwurf eines Gesetzes über finanzierte Rechtsgeschäfte und über Maklerverträge[13] eine Regelung des Einwendungsdurchgriffes und damit eine gesetzliche Absicherung der Stellung des Verbrauchers in den Fällen angestrebt wird, in denen seine Schuldnerposition infolge der Aufspaltung eines wirtschaftlich einheitlichen Vorganges in besonderer Weise berührt wird, ist es interessant, im Investmentrecht den gesetzlich geregelten Fall der Aufspaltung einer Leistung zu sehen, in welchem die Stellung des Verbrauchers als Gläubiger der aufgespaltenen Leistung im Mittelpunkt steht.

Schließlich erstreckt sich die Untersuchung der Rechtsverhältnisse zwischen den am Investment-Dreieck Beteiligten auch auf das Sondervermögen als den Gegenstand, der im Mittelpunkt der gesamten Rechtsbeziehungen steht.

Zuvor wird jedoch in einem kurzen Abriß die Entwicklung des Investmentsparens dargestellt. Dieser Rückblick, dessen Kern die Entstehungsgeschichte des KAGG bildet, ist für die Auslegung einer Reihe von Vorschriften und für das Verständnis einiger wesentlicher Zusammenhänge von Bedeutung.

---

[11] Gesetz betreffend die Abzahlungsgeschäfte vom 16.5.1894 (RGBl., S. 450) in der Fassung des Gesetzes zur Änderung des Abzahlungsgesetzes vom 1.9.1969 (BGBl. I, S. 1541), zuletzt geändert durch Gesetz vom 3.12.1976 (BGBl. I, S. 3281).

[12] Zur Entwicklung dieses Rechtsinstituts siehe Hadding, Welche Maßnahmen empfehlen sich zum Schutz des Verbrauchers auf dem Gebiet des Konsumentenkredits?, Gutachten zum 53. Deutschen Juristentag (1980), S. 304 ff.

[13] Bundestagsdrucksache, 8. Wahlperiode, 3212.

Teil 1: Der Einfluß der Investmentpraxis des Auslands auf das KAGG

I. Der englische Investmenttrust

Das Modell, ein Sondervermögen einzurichten und dessen Verwaltung und Verwahrung verschiedenen Rechtsträgern zu übertragen, ist aus dem englischen und dem amerikanischen Investmentrecht übernommen worden.[1]

In Großbritannien und in den USA werden alle erdenklichen Arten von Vermögensverwaltungen unter Zuhilfenahme des Rechtsinstituts des Trusts durchgeführt. So wird privates Vermögen, etwa im Rahmen von güterrechtlichen oder erbrechtlichen Regelungen, einem Treuhänder ebenso häufig zur Verwaltung anvertraut wie privates Sparvermögen oder karitatives Vermögen.[2]

Die Errichtung eines Trusts erfolgt in Form einer Treuhandvereinbarung durch die Übertragung von Rechten durch den Treugeber (den settler oder donor) auf eine andere Rechtsperson, den Treuhänder (trustee) mit der Maßgabe, diese Rechte (trust property) im Interesse des Begünstigten (beneficiary oder cestui que trust) auszuüben.[3]

Wesentliche Unterschiede zwischen dem Trust und unserer rechtsgeschäftlichen Treuhand werden vor allem an der Tatsache erkennbar, daß ein ausgedehntes Surrogationsprinzip besteht und daß es für die wirksame Begründung der Schutzwirkung eines Trust unerheblich ist, ob das Treugut unmittelbar vom Treugeber auf den trustee übertragen wird oder ob der Treuhänder die von ihm als Treugut zu verwaltenden Vermögensgegenstände von Dritten erwirbt.[4]

---

[1] Geßler, Das Recht der Investmentgesellschaften und ihrer Zertifikatsinhaber, in: Wertpapier-Mitteilungen 1957, Sonderbeilage Nr. 4 zu Teil IV B Nr. 20 vom 18. Mai 1957, S. 10 (11). — Barocka, Investment-Sparen und Investmentgesellschaften, S. 102 (104).

[2] Hartmann, Der Trust im englischen Recht, S. 23, 24. — Hintner, Das Treuhandwesen in der deutschen Volkswirtschaft, S. 8. — Eisenmenger, Trustgeschäft und Vermögensverwaltung durch Kreditinstitute, S. 104 ff.

[3] H. Roth, Der Trust, S. 11 ff.

[4] Zimmermann, Die sachenrechtlichen Beziehungen in der rechtsgeschäftlich begründeten Treuhand nach englisch-amerikanischem Recht, S. 42/43. — Siebert, Das rechtsgeschäftliche Treuhandverhältnis, S. 74 ff. (89).

Das charakteristischste Merkmal des Trust zeigt sich in der Art und Weise, in der das Problem der Aufteilung der Rechtszuständigkeit am Treugut zwischen dem Treuhänder und dem Begünstigten gelöst wird.

Im Rahmen einer Trustvereinbarung werden zwei Eigentumsrechte begründet.[5] Der Treuhänder wird „legal owner" nach common law. Das bedeu-

---

[5] Das Wesen dieser beiden Eigentumsrechte läßt sich angesichts des geschlossenen Katalogs unserer Sachenrechte mit den Begriffen unseres Rechts nur schwer erklären.
Aufschlußreich ist ein kurzes Eingehen auf die geschichtliche Entwicklung. Das Eigentumsrecht des Treuhänders nach common law unterlag seit Jahrhunderten der Rechtsprechung der King's Courts, während das auf equity (Billigkeit) gegründete Eigentumsrecht des Begünstigten der Jurisdiktion des Chancery Court unterstand. Die Existenz dieser beiden Rechtsprechungssysteme ist für die Entstehung des Trusts ebenso von Bedeutung[a] wie die Tatsache, daß sein Ursprung auf das nicht nur im frühen angelsächsischen, sondern auch in den frühen deutschen Rechten, weit verbreiteten Institut des Treuhänders zurückgeht.[b] Insbesondere bei der Übertragung von Grundstücken wurde auf den „trustee" und in den deutschen Rechten auf den „Salmann" zurückgegriffen.[c] Die Gründe für eine solche Verfahrensweise waren.[d] Bei Erbschaftsregelungen wurde die einseitige letztwillige Verfügung, die dem damaligen Recht fremd war, dadurch ersetzt, daß der Erblasser sein Vermögen unter dem Vorbehalt eines lebenslangen Nutzungsrechts auf einen Treuhänder übertrug, der es nach dem Ableben des Treugebers auf den Begünstigten weiter übertrug. Auch vor Kriegszügen und Pilgerreisen vertraute man sein Vermögen einem Treuhänder mit genauen Instruktionen für den Fall an, daß man dieses Ereignis nicht überlebte. In den frühen deutschen Stadtrechten wird der Fall behandelt, daß „Nichtbürger", denen die Fähigkeit zum Erwerb von Grundstücken nicht zuerkannt wurde, sich eines Treuhänders bedienten. Dieser erwarb das Grundstück und vertrat es gegenüber Dritten wie ein Eigentümer, ohne deshalb im Innen- oder Außenverhältnis die uneingeschränkten Befugnisse eines Eigentümers zu haben.[e] Der Zweck der Treuhandvereinbarung bestimmte Inhalt und Umfang der Eigentümerstellung des Treuhänders.

Die Unterscheidung zwischen Ober- und Untereigentum im Lehensrecht zeigt, daß die Aufspaltung der Eigentümerbefugnisse auf verschiedene Rechtsträger ein fester Bestandteil der damals geltenden Rechtsauffassung war, deren Rechtsbegriffe allerdings nicht immer mit der für uns selbstverständlichen Genauigkeit gegeneinander abgegrenzt waren.[f]

Während sich diese Aufspaltung der Eigentumsbefugnisse im anglo-amerikanischen Rechtskreis bis heute erhalten hat, ist sie in unserem Recht mit der Rezeption des römischen Rechts durch dessen abstrakte Begriffsbildung, das geschlossene System von Sachenrechten und die strenge Trennung von obligatorischen und dinglichen Rechten abgelöst worden.[g]

a) H. Roth, a.a.O., S. 13 ff. — b) Kötz, Trust und Treuhand, S. 14/15. — c) Tyrell, Fiduziarische Geschäftsführungsverhältnisse im englischen Recht, S. 3. — d) Kohler, Recht der Stiftungen, Archiv für Bürgerliches Recht, 3. Band, S. 228 (270). — Schultze, Treuhänder im geltenden bürgerlichen Recht, Iherings Jahrbücher für die Dogmatik des bürgerlichen Rechts, 2. Folge, 7. Band, S. 1 (7 ff.). — e) Stobbe, Über die Salmannen, Zeitschrift für Rechtsgeschichte, 7. Band, S. 405 (431 ff.) — f) Conrad, Deutsche Rechtsgeschichte, Band I, S. 428. — g) Siebert, a.a.O., S. 213.

tet, daß er Vollrechtsinhalber wird und der Inhalt seines Eigentumsrechts dem eines jeden anderen Eigentümers entspricht.[6]

Der Begünstigte wird „owner in equity". Er erlangt ein auf Billigkeitsrecht begründetes Eigentum.[7] Sein „equitable right" besteht nicht nur in dem Anspruch gegen den Treuhänder und dessen Rechtsnachfolger auf Erfüllung der Treuhandvereinbarung, sondern es gewährt auch weiterreichende, dinglich wirkende Ansprüche.[8]

Gegenüber Gläubigern des Treuhänders hat der Begünstigte das unserer Drittwiderspruchsklage (§ 771 ZPO) vergleichbare „right to interplead" und im Konkurs des Treuhänders ein Aussonderungsrecht.[9]

Bei pflichtwidrigen Verfügungen des Treuhänders (breach of trust) muß — ausgenommen der gutgläubige entgeltliche Erwerber — jeder andere Beteiligte das „equitable right" des Begünstigten gegen sich gelten lassen. Es entsteht „ex delicto" ein „constructive trust", der vom Equity-Richter mit der Folge zugebilligt wird, daß der bösgläubige und auch der unentgeltlich gutgläubige Erwerber zu trustees des Begünstigten werden und dessen „equitable right" voll gegen sich gelten lassen müssen.[10] Der Begünstigte kann Herausgabe bzw. Rückübereignung aufgrund eines „Folgerechts" (to follow the trust property) verlangen.[11] Dieses in seinen Auswirkungen sehr weitgehende Recht wird durch ein ausgedehntes Surrogationsprinzip, das jeden mit Mitteln des Trust erworbenen Gegenstand zu Treugut werden läßt, und durch den Grundsatz gekennzeichnet, daß treuwidrige Verfügungen die Existenz des Trust nicht beenden.[12] Veräußert der Treuhänder an einen gutgläubigen Erwerber, so entsteht an dem Erlös bzw. an dessen Surrogaten ein „constructive trust" zugunsten des Begünstigten mit allen Ansprüchen, die ihm das „equitable right" gewährt.[13]

Das Institut des „constructive trust" und das weitreichende Surrogationsprinzip gewährleisten somit einen umfassenden Schutz gegen Vermögensverluste.

Da jeder für das Treugut erlangte Vermögensgegenstand an dessen Stelle tritt und so behandelt wird, als ob es sich um ursprüngliches Treugut handelt, bildet dieses eine Art „Zweck-" oder „Sondervermögen", das als „trust-fund" bezeichnet und als „unauslöschlich" charakterisiert wird.[14]

---

[6] H. Roth, a.a.O., S. 12 ff. — Hartmann, a.a.O., S. 66 ff.
[7] H. Roth, a.a.O., S. 12 ff. — Hartmann, a.a.O., S. 66 ff.
[8] Kötz, a.a.O., S. 30 ff.
[9] Zimmermann, a.a.O., S. 36 ff.
[10] Siebert, a.a.O., S. 65 ff.
[11] Tyrell, a.a.O., S. 18 ff.
[12] Siebert, a.a.O., S. 75 ff.
[13] H. Roth, a.a.O., S. 136 ff. — Eisenmenger, a.a.O., S. 32.
[14] Siebert, a.a.O., S. 75/76.

Angesichts der hohen Schutzwirkung ist es einleuchtend, daß der Trust vielseitige Anwendung gefunden hat und auch die ersten englischen Investmentgesellschaften als Trust errichtet wurden.[15]

Die Investmenttrusts unterschieden sich jedoch im Laufe der Zeit immer stärker von den üblichen Trusts, da sie von der konservativen Vermögensverwaltung zu immer risikoreicheren Vermögensanlagen übergingen. Dies war mit den überkommenen Grundanschauungen über das Wesen des Trusts und die Pflicht des Treuhänders, von eingeräumten Befugnissen nur zum Wohl des Begünstigten Gebrauch zu machen, nur schwer zu vereinbaren.[16] Rechtsunsicherheiten hinsichtlich der Befugnisse der Treuhänder bei spekulativen Wertpapierkäufen und -verkäufen führten schließlich dazu, daß die Aktiengesellschaft, deren Recht durch den Companies Act von 1862 kodifiziert worden war und deshalb mehr Rechtssicherheit versprach, später von den meisten englischen Investmentgesellschaften als Rechtsform gewählt wurde.[17] Bei dieser Art von Investmentgesellschaften erfolgt keine Trennung des Investmentvermögens von dem Eigenvermögen der Gesellschaft. Die Anleger werden Aktionäre der Investmentgesellschaft. Sie genießen keinen besonderen Schutz, können dafür aber auch alle Rechte eines Aktionärs ausüben.

Unter dem Eindruck der weiten Verbreitung, die der Trust als Orgnisationsform für amerikanische Investmentgesellschaften im Zuge der dortigen wirtschaftlichen Entwicklung nach dem ersten Weltkrieg gefunden hat, bestehen in Großbritannien seit dieser Zeit aktien- und trustrechtlich organisierte Investmentgesellschaften nebeneinander.[18]

II. Die Entwicklung in den USA

Von Großbritannien aus ist das Investmentsparen in den USA beeinflußt worden. Die ersten Investmentgesellschaften wurden um die Jahrhundertwende gegründet, ohne daß das Investmentsparen zunächst eine größere Verbreitung fand.

Diese Entwicklung setzte Mitte der zwanziger Jahre ein und führte bis zu der großen Börsenkrisen im Jahre 1929 zu einer stürmisch wachsenden Zahl von Neugründungen, wobei Investmentgesellschaften in Form des Massachusetts Trust im Vordergrund standen.[1] Der Staat Massachusetts hat als

---

[15] Linhardt, Die britischen Investment Trusts, S. 19.
[16] H. Roth, a.a.O., S. 182.
[17] Liefmann, Beteiligungs- und Finanzierungsgesellschaften, S. 170. — von Caemmerer, Kapitalanlage oder Investmentgesellschaft, JZ 1958, S. 41 (42).
[18] Schäcker, Entwicklung und System des Investmentsparens, S. 18.
[1] Siehe hierzu Steder, in: Investment-Handbuch 062, S. 1 ff.

erster Trusts zugelassen, die in ihrem Aufbau und ihrer Organisation Corporations gleichen, ohne deshalb zu juristischen Personen zu werden.[2] Der Zweck dieser Trusts besteht nicht in der Vermögensverwaltung, sondern im Betreiben von Geschäften, weswegen sie auch als „Business Trusts" bezeichnet werden. Die Haftung der Treuhänder, die die Funktion von Geschäftsführern haben, und auch die Haftung der Begünstigten aus den Geschäften des Trusts ist auf deren Anteile am Trustvermögen beschränkt.[3]

Für die Entwicklung der amerikanischen Investmentgesellschaften während der zwanziger Jahre war neben den Massachusetts Trusts als Rechtsform eine spekulative Geschäftspolitik kennzeichnend.[4] Das Prinzip, eine risikogestreute Vermögenslage zu vermitteln, wurde zugunsten rascher Kursgewinne immer mehr in den Hintergrund gedrängt. Dabei wendeten die Investmentgesellschaften das im amerikanischen Wirtschaftsleben häufig anzutreffende „leverage" an. Die „Hebelwirkung" durch die Aufnahme von Darlehen zur Vergrößerung des Geschäftsvolumens zeigte solange Erfolge, wie die Börsenkurse stiegen und die Darlehenszinsen übertrafen. Als die Börsenkurse fielen und infolge von Notverkäufen schließlich stürzten, mußten die Investmentsparer empfindliche Verluste hinnehmen. Hierbei wirkte sich neben den Wertpapierkäufen auf Kredit auch die Tatsache sehr nachteilig aus, daß viele Investmentgesellschaften durch den Versuch, von den Erfolgen anderer Investmentgesellschaften zu profitieren, kapitalmäßig verflochten waren.[5]

Diese Erfahrungen führten nicht nur in den USA zu einschneidenden gesetzlichen Regelungen,[6] sondern sie haben auch das KAGG beeinflußt.[7] Dies zeigt sich in der Beschränkung von Kreditaufnahmen (§ 9 Abs. 3) auf besondere Fälle und auf 10 % des Sondervermögens sowie im Verbot der Verpfändung, Belastung oder Sicherungsabtretung von Gegenständen des Sondervermögens in § 9 Abs. 2. Außerdem ist § 8 Abs. 6 in diesem Zusammenhang zu erwähnen, wonach in- oder ausländische Investmentanteile für

---

[2] Vgl. Reuter, Investmentfonds und die Rechtsstellung der Anteilinhaber, S. 72 ff.

[3] H. Roth, Der Trust, S. 173 ff., der nicht nur den Business Trust genau beschreibt, sondern auch gegenüber den anderen Rechtsformen des amerikanischen Gesellschaftsrechts abgrenzt.

[4] Siehe hierz: Schäcker, Entwicklung und System des Investmentsparens, S. 21. — Baum, Schutz und Sicherung des Investmentsparens bei Kapitalanlage-Gesellschaften und Investment-Trusts, S. 28 ff.

[5] Vgl. von Caemmerer, Kapitalanlage- oder Investmentgesellschaften, JZ 1958, S. 41 (47).

[6] Steder, in: Investment-Handbuch 062, S. 2, und Flachmann, in: Investment-Handbuch 910, S. 23 ff., geben eine Übersicht über die einzelnen amerikanischen Gesetzgebungsmaßnahmen.

[7] Vgl. Bericht des Abgeordneten Neuburger, Bundestagsausschuß für Geld und Kredit, Bundestagsdrucksache, 2. Wahlperiode, Nr. 29733 (neu).

Teil 1: Der Einfluß der Investmentpraxis des Auslands auf das KAGG

ein Sondervermögen nicht erworben werden dürfen, da durch wechselseitige Beteiligungen die Kontrolle erschwert und das Risiko unter Umständen außerordentlich erhöht wird.

In den USA gehören zu den Maßnahmen, die nicht nur vom Gesetzgeber angeordnet, sondern auch von den Investmentgesellschaften selbst zur Überwindung der Krise des Jahres 1929 und zur Wiedererlangung des Vertrauens ihrer Anleger ergriffen wurden, eine Reihe von Änderungen im Verhältnis der einzelnen Investmentgesellschaften zu ihren Anlegern.[8] Hierzu zählen die Abkehr vom „management trust", der die Auswahl der zu erwerbenden Wertpapiere völlig in das Ermessen der Geschäftsleitung der Investmentgesellschaften gestellt hatte, zugunsten des „fixed" oder „semi-fixed trust" bzw. des „flexible trust", der die Wahl der Anlagemöglichkeiten nach Art und Zahl in den Gesellschaftsstatuten festlegt.[9]

Entsprechende Regelungen gelten für die deutschen Investmentgesellschaften, die an den Anlagekatalog der §§ 8, 25b und 27 sowie gemäß § 15 an ihre Vertragsbedingungen gebunden sind, in denen sie ihren Anlegern offenlegen müssen, ob sie beispielsweise in- oder ausländische Aktien oder festverzinsliche Wertpapiere als Anlagegegenstände für das Sondervermögen erwerben wollen.[10]

Eine weitere Maßnahme zum Schutz amerikanischer Investmentsparer besteht in der Fremddeponierung des Investmentvermögens.[11] Die Einschaltung von Banken oder Versicherungen zwecks Verwahrung von Wertpapieren ist in den USA schon sehr früh durch Vermögensberater erfolgt, die sich der Last, aber auch der Verantwortung der Verwahrungsaufgaben entledigen wollten.[12]

Der Investment Company Act[13] aus dem Jahre 1940, der aufgrund der Erfahrungen während der Börsenkrise des Jahres 1929 ergangen ist, schreibt die Hinterlegung von Wertpapieren bindend vor, ohne jedoch der verwahrenden Bank weitergehende Kontrollfunktionen zu übertragen.[14]

---

[8] Schäcker, a.a.O., S. 21 ff.
[9] Eine Gegenüberstellung der verschiedenen Gestaltungsmöglichkeiten gibt Barocka, Investment-Sparen und Investmentgesellschaften, S. 78.
[10] Siehe § 15 der im Anhang abgedruckten Mustervertragsbedingungen für Wertpapier-Sondervermögen und § 6 der Mustervertragsbedingungen für Grundstücks-Sondervermögen.
[11] von Caemmerer, a.a.O., S. 49.
[12] Geßler, Das Recht der Investmentgesellschaften und ihrer Zertifikatsinhaber, in: Wertpapier-Mitteilungen, 1957, Sonderbeilage Nr. 4 zu Teil IV B Nr. 20 vom 18. Mai 1957, S. 10 (12).
[13] Siehe hierzu Flachmann, in: Investmenthandbuch 910, S. 2 b ff.
[14] Barocka, a.a.O., S. 104.

Das KAGG hat nicht nur den Gedanken der Fremddeponierung des Investmentvermögens aufgegriffen, sondern es hat auch die Einrichtung der Depotbank zu einem wesentlichen Bestandteil der Anlegerschutzmaßnahmen gemacht. Wie der Katalog der zahlreichen Depotbankfunktionen in § 12 zeigt, beginnt die Einschaltung der Depotbank in den Schutz der Anleger bereits mit der Ausgabe der ersten Anteilscheine. Indem nach § 12 Abs. 1 S. 1 die Depotbank die Investmentzertifikate an die Anleger ausgibt, wird gewährleistet, daß das für die Investmentzertifikate gezahlte Geld ohne Umwege sofort in das Sondervermögen gelangt und einem Sperrkonto gutgeschrieben wird (§ 12 Abs. 3 S.). Da die Depotbank nach § 12 Abs. 6 außerdem dafür zu sorgen hat, daß bei jedem für ein Sondervermögen getätigten Geschäft der Gegenwert in ihre Verwahrung gelangt, ergibt sich ein in sich geschlossener Kreis von Schutzmaßnahmen, der unten[15] noch im einzelnen behandelt wird.

Noch nachhaltiger als die Fixierung der Anlagegrundsätze und die Einführung der Fremddeponierung des Investmentvermögens hat bei den amerikanischen Investmentgesellschaften die Einführung des Rechts auf Rückgabe der Anteile an die Investmentgesellschaft (the right of redemption) zur Wiedererlangung des Vertrauens der Anleger beigetragen.[16]

Bis dahin gab es nur sogenannte „closed end trusts", d. h. Investmentgesellschaften mit einer von Anfang an fest begrenzten Zahl von Anlegern, die sich von ihren Anteilen nur durch Veräußerung an Dritte trennen konnten.[17] Dies hat in Krisenzeiten zu Kursabschlägen geführt, die zum Teil den Wert des Wertpapierportefeuilles des Investmentfonds erheblich unterschritten haben.[18]

Mit der Einführung des Rechts auf Rückgabe wurde den Investmentzertifikatsinhabern neben dem freihändigen Verkauf ein zweiter Weg eröffnet, sich von Anteilen zu trennen.

Für die Investmentgesellschaften bedeutete die Einführung des Rückgaberechts die Abkehr von der bis dahin geübten Praxis, im Rahmen eines Investmentfonds die Gesamtsumme der Einlagen von Investmentsparern betragsmäßig festzulegen. Das Angebot an die Investmentsparer, jederzeit Anteile zurückzunehmen, führte zu der Unterscheidung zwischen den „closed-end-trusts", die das Volumen an Einlagen von vornherein begrenzen, und den „open-end-trusts", die entsprechend der Nachfrage am Markt laufend neue Anteile ausgeben und auf Wunsch auch wieder zurücknehmen.[19]

---

[15] Siehe Teil 2, Abschnitt C I und C II 1 b).
[16] Vgl. von Caemmerer, a.a.O., S. 43.
[17] Vgl. Reuter, a.a.O., S. 35/36.
[18] Vgl. Baur, Investmentgesetze, S. 9.
[19] Siehe hierzu Schäcker, a.a.O., S. 22/23.

Dieser Praxis haben sich in den USA auch die als „corporations" organisierten Investmentgesellschaften angeschlossen. Da das amerikanische Recht den Erwerb eigener Aktien nicht, wie z. B. § 71 AktG, auf Ausnahmesituationen beschränkt, können diese Investmentgesellschaften, bei denen die Investmentsparer eigene Aktionäre sind, eine jederzeitige Rücknahmeverpflichtung eingehen.[20]

Die sich damit nach amerikanischem Investmentrecht ergebenden Möglichkeiten, die Rechtsform als Trust oder als juristische Person mit dem „closed-end"- bzw. dem „open-end"-Prinzip zu kombinieren,[21] besteht für deutsche Investmentgesellschaften nicht. Das KAGG läßt nur einen Typ von Investmentgesellschaften zu, und zwar den „open-end fund".

Wegen der negativen Erfahrungen in den USA bei der Veräußerung von Anteilen an „closed-end-funds" hat der deutsche Gesetzgeber jedem Anteilinhaber in § 11 Abs. 2 das unabdingbare Recht eingeräumt, seine Anteile jederzeit zurückzugeben und die Auszahlung seines Anteils am Sondervermögen zu verlangen.[22]

Mit der Verankerung des Rückgaberechts im KAGG hat der Gesetzgeber nicht nur eine Entscheidung für die „open-end"-Lösung getroffen, sondern er hat zugleich auch eine Vorentscheidung hinsichtlich der Rechtsform der Investmentgesellschaften herbeigeführt. Angesichts der tiefgreifenden Änderungen unseres Aktienrechts, die das Rückgaberecht nach sich gezogen hätte, wenn die Investmentgesellschaften nach der sog. aktienrechtlichen Lösung organisiert worden wären, wurde dieses Modell abgelehnt.[23]

III. Die Investmentpraxis in der Schweiz als Vorläufer des Investmentsparens in Deutschland

Nach einer Alternativlösung für die abgelehnte aktienrechtliche Organisation von Investmentgesellschaften mußte der Gesetzgeber nicht suchen. Die Alternative war durch die in der Schweiz und in Deutschland bereits auf vertraglicher Grundlage mit Erfolg arbeitenden Gesellschaften vorgezeichnet.

In der Schweiz bestehen seit den dreißiger Jahren Investmentfonds, welche mangels einer gesetzlichen Regelung, die erst im Jahre 1966 erging, zunächst auf vertraglicher Grundlage errichtet wurden.[1]

---

[20] Meyer-Cording, Investmentgesellschaften, ZfHR, 115. Band, 1952, S. 65 (70).
[21] Baur, Investmentgesetze, S. 9/10.
[22] Siehe hierz: Reuter, a.a.O., S. 130 ff. — Steder, in: Investmenthandbuch 425, § 11, Rz. 3.
[23] Vgl. von Caemmerer, a.a.O., S. 44.
[1] Baur, Das Investmentwesen in der Schweiz, Bank-Betrieb, 1968, S. 370.

Die als Fondsleitung bezeichnete Fondsgesellschaft und die als Treuhänderin mitwirkende Depotbank schlossen einen Gründungsvertrag mit dem Inhalt, ein als Investmenttrust bezeichnetes Depot einzurichten, Anteilscheine über eine Beteiligung an den in dem Depot zusammengefaßten Vermögensgegenständen öffentlich auszugeben und die in dem Depot zusammengefaßten Vermögensgegenwerte im Interesse und für Rechnung der Anleger zu verwalten. Zum Schutz der Anleger sah der Gründungsvertrag außerdem vor, daß die Treuhandbank die zum Investmenttrust gehörenden Vermögenswerte verwahrte, die Kauf- und Verkaufsaufträge abwickelte, die Ausgabe und Rücknahme von Anteilscheinen durchführte und die Fondsleitung überwachte.[2]

Als Modell für diese Art der Gestaltung wird im Schrifttum der angelsächsische Trust genannt,[3] was durch die Bezeichnung der Investmentgesellschaft als Investment-Trust, des Depots als Trust-Fund und der Treuhandbank als Trustee noch unterstrichen wird.[4]

Da dem schweizerischen Recht jedoch das Institut des Trust in der für das anglo-amerikanische Recht typischen Form fremd ist, mußte eine dem Schweizer Recht gemäße Entscheidung über die Eigentumsverhältnisse am Investmentvermögen getroffen und vertraglich festgelegt werden, ob es im treuhänderischen Eigentum der Fondsgesellschaft oder Treuhandbank oder im Miteigentum der Anleger stehen sollte. Zum Schutz der Anleger im Falle des Konkurses der Investmentgesellschaft wurde die Miteigentumslösung gewählt.[5]

Diese Lösung hat sich ungeachtet gewisser rechtlicher Zweifelsfragen, die bei einer rein vertraglichen Gestaltung eines so komplexen Vorganges nicht ausbleiben konnten, bewährt.[6]

An diese Erfahrungen haben die ersten deutschen Investmentgesellschaften, die vor dem Inkrafttreten des KAGG ebenfalls auf eine vertragliche Gestaltung ihrer Rechtsbeziehungen angewiesen waren, angeknüpft.[7]

---

[2] Vgl. Spoerri, Der Investment-Trust nach schweizerischem Recht, S. 23 ff. Siehe auch die bei Spoerri im Anhang (S. 207 ff.) abgedruckten Vertragsmuster.

[3] Spoerri, a.a.O., S. 20.

[4] Vgl. Luggen, Die Schweizerischen Immobilien Investment Trusts, S. 9 ff. (68).

[5] Vgl. Amonn, Das Schweizerische Anlagefondsgesetz, in: Die Aktiengesellschaft, 1968, S. 227.

[6] Siehe hierzu: Amonn, a.a.O., S. 228. — Achterberg, Schweizer Investment Trusts, Zeitschrift für das gesamte Kreditwesen, 1950, S. 434.

[7] von Caemmerer, Kapitalanlage- oder Investmentgesellschaften, JZ 1958, S. 41 (44).

IV. Die Organisation des Investmentsparens vor dem Inkrafttreten des KAGG

Die Gründung der fünf Investmentgesellschaften, die, beginnend im Jahre 1949[1], vor der gesetzlichen Regelung des Investmentsparens ihre Tätigkeit aufnahmen, geht auf die Initiative von Banken zurük. Es waren teilweise bis zu zwanzig Banken, die sich in dem Bestreben, den Kapitalmarkt durch neue Gruppen von Anlegern zu beleben, als Gesellschafter an einer Investmentgesellschaft beteiligten.[2]

In der gleichen Weise wie bei den schweizerischen Investmentgesellschaften stand auch bei den deutschen ein als Investment-Fonds bezeichnetes Depot im Mittelpunkt der vertraglichen Regelungen.[3] Die Verwahrung des Investmentvermögens war von der Verwaltung getrennt und oblag einer Bank, der Treuhänderbank, die außerdem täglich die Verkaufs- und Rücknahmepreise ermittelte, die Ausgabe und Rücknahme von Anteilen durchführte und die Einhaltung der Anlagevorschriften überwachte.[4]

Die Anlagevorschriften sahen zum Zwecke der Risikostreuung vor, daß Aktien oder festverzinsliche Wertpapiere eines Ausstellers nur 5% bzw. 10% des Fondsvermögens ausmachen durften.[5] Die Anteilscheine, die über die Beteiligung an den Investment-Fonds ausgegeben wurden, lauteten über 1, 5, 10 oder 100 Anteile, deren Wert dem Quotienten entsprach, der sich bei der Teilung des Fondsvermögens durch die Anzahl der angegebenen Anteile ergab.[6]

Im Mittelpunkt der Konzeption dieser Investmentfonds stand die Frage, in welcher Rechtsform die verschiedenen Wertpapiere am zweckmäßigsten zu einem einheitlichen und umfassend geschützten Investmentvermögen zusammengefaßt werden konnten.[7]

Vor allem das von der Rechtsprechung[8] und einem Teil des Schrifttums[9] vertretene Unmittelbarkeitsprinzip, wonach die Aussonderungsfähigkeit

---

[1] Siehe hierzu: Barocka, Investment-Sparen und Investment Gesellschaften, S. 22. — Schäcker, Entwicklung und System des Investmentsparens, S. 26.

[2] Barocka, a.a.O., S. 23.

[3] Vgl. Knoblich, Die Rechtsverhältnisse bei den Investment-Gesellschaften, insbesondere die rechtliche Stellung der Inhaber von Anteilscheinen, S. 157/58.

[4] Tormann, Investment behebt drei Hindernisse beim Wertpapiererwerb, in: Das Wertpapier 1956, S. 206 (207).

[5] Knoblich, a.a.O., S. 161.

[6] Siehe hierzu Meyer-Cording, Investment-Gesellschaften, ZfHR, 115. Band, 1952, S. 65 (80).

[7] Vgl. Schäcker, a.a.O., S. 28 ff. (31).

[8] BGHZ, WM 1960, 325 (326). — RGZ 133, 84 (87).

[9] Soergel-Schultze v. Lasaulx, vor § 154 BGB, Rz. 70. — Steffen, BGB-RGRK, vor

des Treugutes im Konkurs des Treuhänders (§ 43 KO) oder die Drittwiderspruchsklage im Falle von Vollstreckungsmaßnahmen seiner Gläubiger (§ 771 ZPO) nur dann gegeben sind, wenn der Treuhänder das Treugut unmittelbar aus dem Vermögen des Treugebers erhalten hat, hätte die Investmentgesellschaften vor nicht leicht zu lösende Aufgaben gestellt, da die Dienstleistung der Investmentgesellschaften gerade darin besteht, an der Börse laufend Wertpapiere für den Investment-Fonds zu kaufen und zu verkaufen.

Aus diesem Grunde wurde, anknüpfend an § 6 Abs. 1 DepotG,[10] wonach an den in Sammelverwahrung genommenen Wertpapieren Miteigentum nach Bruchteilen entsteht, die sog. Miteigentumslösung gewählt.[11]

Auf die nach § 6 Abs. 1 DepotG entstehende Miteigentümergemeinschaft finden nach allgemeiner Ansicht[12] die Vorschriften der §§ 741 ff. BGB Anwendung, soweit die §§ 1 ff. DepotG keine Sonderregelung enthalten.

Das Vertragswerk der Investmentgesellschaften beschränkte sich jedoch nicht nur darauf, die Anleger hinsichtlich der Wertpapiere in einer Rechtsgemeinschaft zusammenzufassen. Auch die zum Fondsvermögen gehörenden Zins- und Dividendenansprüche sowie die Bankguthaben wurden einbezogen.

Ausgehend von der Tatsache, daß nach § 754 BGB auch Forderungen Gegenstand einer Bruchteilsgemeinschaft sein können, wurden unter dem „Oberbegriff der Rechtsgemeinschaft" das Miteigentum der Anleger an den Wertpapieren und ihre gemeinschaftlichen Gläubigerrechte an den Zins- und Dividendenforderungen sowie an den Bankguthaben zu einem Gesamtvermögen zusammengefaßt.[13]

Gleichzeitig wurden, soweit dies rechtlich möglich war, die Befugnisse, die die §§ 741 ff. dem einzelnen auf Teilnahme an der Verwaltung der Gemeinschaft einräumen, vertraglich ausgeschlossen. Als ein Schwachpunkt der gesamten Vertragskonstruktion wurde die Tatsache angesehen, daß es nach

---

§ 164 BGB, Rz. 26. — Opitz, Treumacht, Zeitschrift f. d. g. Kreditwesen, 1954, S. 512 (513). — Siebert, Das rechtsgeschäftliche Treuhandverhältnis, S. 353 ff. — Schuler, Die rechtsgeschäftliche Treuhand — ein Problem der Rechtsfortbildung, JuS 1962, S. 50 (52.).

[10] Gesetz über die Verwahrung und Anschaffung von Wertpapieren vom 4. Februar 1937 (BGBl. I, S. 171), zuletzt geändert durch das Gesetz zur Änderung des Gesetzes über die Verwahrung und Anschaffung von Wertpapieren vom 17. Juli 1985 (BGBl. I, S. 1507).

[11] Siehe hierzu von Caemmerer, Kapitalanlage- oder Investmentgesellschaften, JZ 1958, S. 41 (44).

[12] Vgl. Heinsius/Horn/Than, Depotgesetz, § 6 Anm. 16. — Opitz, Depotgesetz, §§ 6, 7, 8, Rz. 11. — Quassowski/Schröder, Bankdepotgesetz, § 6 Anm. C.

[13] Vgl. Schäcker, a.a.O., S. 30. — Barocka, a.a.O., S. 60/61.

§ 749 Abs. 2 BGB nicht möglich ist, den Anspruch auf Aufhebung der Gemeinschaft aus wichtigem Grunde abzubedingen und das Recht des Pfändungsgläubigers auf Aufhebung der Gemeinschaft auszuschließen (§ 751 S. 2 BGB).[14] Auch die wertpapiermäßige Verbriefung der Beteiligung der Anleger an dem Investment-Fonds war nur beschränkt möglich.

Wegen der Zusammensetzung des Fonds aus Wertpapieren, deren Bestand sich laufend veränderte, und aus Forderungsrechten konnten die Anteilscheine nicht als Traditionspapiere ausgestattet werden.[15] Die Funktion der Anteilscheine erschöpfte sich darin, die Inhaber zur Empfangnahme der zur Auszahlung kommenden Erträge zu legitimieren.[16]

Die Übertragung der Ansprüche, die den Anlegern an den einzelnen Vermögensgegenständen des Fonds zustanden, erfolgte nach den Grundsätzen, die für die Übertragung von Miteigentum bzw. einer Mitberechtigung an Forderungen gelten.[17]

Diese Punkte wurden als gewisse „Unebenheiten"[18] der vertraglichen Konstruktion, nicht aber als eine Gefährdung der Rechte der Anleger angesehen.

Es spricht für die Investmentgesellschaften, die vor dem Erlaß des KAGG tätig waren, daß der Anlaß für die Gesetzesinitiative die zusätzliche Förderung und weitere Verbreitung des Investmentsparens und nicht das Bemühen des Gesetzgebers war, unerwünschten Entwicklungen oder Mißständen entgegenzuwirken.

Bei dieser Ausgangslage war es naheliegend, daß der Gesetzgeber das bestehende Modell weitgehend in das KAGG übernommen[19] und die vertraglich nicht zu beseitigenden „Unebenheiten" in Sonderbestimmungen erfaßt und geregelt hat.

---

[14] Vgl. Barocka, a.a.O., S. 61.
[15] Vgl. Meyer-Cording, a.a.O., S. 81. — Knoblich, a.a.O., S. 95.
[16] Meyer-Cording, a.a.O., S. 82. — Knoblich, a.a.O., S. 94.
[17] Meyer-Cording, a.a.O., S. 81. — Knoblich, a.a.O., S. 100 ff.
[18] von Caemmerer, a.a.O., S. 44.
[19] Vgl. Baur, Investmentgesetze, S. 122. — von Caemmerer, a.a.O., S. 46.

Teil 2: Das Investment-Dreieck des KAGG

A. Die Anteilinhaber

I. Die Rechtsstellung der Anteilinhaber gegenüber dem Sondervermögen

1. Der Begriff des Sondervermögens

Nach § 6 Abs. 1 S. 1 bilden das bei der Kapitalanlagegesellschaft gegen die Ausgabe von Anteilscheinen eingelegte Geld und die damit angeschafften Vermögensgegenstände ein Sondervermögen.

Mit dieser Regelung stellt der Gesetzgeber klar, daß unter den Begriff des investmentrechtlichen Sondervermögens ausschließlich das Vermögen fällt, welches aus den Mitteln besteht, das die Anteilscheinerwerber dem Investmentsparen widmen. Die Vorschrift des § 6 Abs. 1 S. wird durch § 21 Abs. 1 und 2 ergänzt, wonach Anteilscheine nur gegen die volle Leistung des Ausgabepreises ausgegeben werden dürfen, der Gegenwert unverzüglich dem Sondervermögen zuzuführen ist und Sacheinlagen unzulässig sind. Daraus folgt, daß unter den Begriff des Sondervermögens nur die geleisteten Einzahlungen, also die tatsächlich zur Verfügung gestellten Geldbeträge fallen.

Gegenüber dem Vermögen der Kapitalanlagegesellschaft erfolgt die Abgrenzung durch § 6 Abs. 1 S. 3, der bestimmt, daß das Sondervermögen vom Vermögen der Kapitalanlagegesellschaft getrennt zu halten ist. Legt eine Kapitalanlagegesellschaft mehrere Sondervermögen auf (§ 6 Abs. 3 S. 1), so sind diese durch ihre Bezeichnung zu unterscheiden und getrennt zu halten (§ 6 Abs. S. 2).

Aufgrund dieser Regelungen, die entsprechende Auswirkungen auf die Organisation der Buchhaltung und des Rechnungswesens der Kapitalanlagegesellschaft haben,[1] ist es jederzeit möglich, das Sondervermögen zu identifizieren.

Aus der Vorschrift des § 6 Abs. 1 S. 2, wonach die zum Sondervermögen gehörenden Gegenstände entweder im Miteigentum der Anteilinhaber oder

---

[1] Wernicke, Die Jahresabschlußprüfung bei Kapitalanlagegesellschaften, S. 58 ff.

A. Die Anteilinhaber

im Eigentum der Kapitalanlagegesellschaft stehen, wird ersichtlich, daß das Sondervermögen kein Träger eigener Rechte ist und somit keine eigene Rechtspersönlichkeit besitzt.[2] Es handelt sich vielmehr um einen rechtlich unselbständigen Inbegriff von Vermögensgegenständen im Sinne von § 260 Abs. 1 BGB. Dieser Inbegriff von Wertpapieren, Beteiligungen oder Grundstücken wird als eine besondere Einheit auch dadurch gekennzeichnet und von dem übrigen Vermögen der Anteileigner bzw. der Kapitalanlagegesellschaft, sofern diese Treuhandeigentümerin ist, unterschieden, daß der Gesetzgeber für das Sondervermögen besondere Regelungen aufstellt. Derartige Vermögensmassen, die wegen ihrer Zweckbestimmung, wie z. B. die Konkursmasse (§ 10 KO) und das Gesellschaftsvermögen der Gesellschaft bürgerlichen Rechts (§ 718 BGB) oder die wegen ihrer Herkunft, wie z. B. der Nachlaß (§ 1922 ff. BGB), einer anderen rechtlichen Regelung unterliegen als das übrige Vermögen der betreffenden Rechtsinhaber, werden von der Wissenschaft[3] und Rechtsprechung[4] als Sondervermögen bezeichnet.

Der Gesetzgeber hat für die Sondervermögen weder eine einheitliche Bezeichnung noch gemeinsame rechtliche Regelungen geschaffen. Entsprechend der Vielzahl der Sondervermögen und ihrer teilweise sehr weitgehenden Verschiedenheit bestehen für jedes Sondervermögen gesonderte gesetzliche Bestimmungen, die dem jeweiligen Zweck der Widmung des betreffenden Sondervermögens angepaßt sind.[5]

2. Die Eigentumsverhältnisse am Sondervermögen

Entsprechend der Alternativregelung in § 6 Abs. 1 S. 2 stehen die zum Sondervermögen gehörenden Gegenstände entweder im Eigentum der Kapitalanlagegesellschaft oder im Miteigentum der Anteilinhaber. Für Grundstücks-Sondervermögen und Beteiligungs-Sondervermögen besteht diese Wahlmöglichkeit nicht. Da unser Grundbuchsystem nicht für eine Vielzahl laufend wechselnder Miteigentümer vorgesehen ist, bestimmt § 30, daß die Vermögensgegenstände, die zu einem Grundstücks-Sondervermögen gehören, nur im Eigentum der Kapitalanlagegesellschaft

---

[2] Graulich, Die Rechtsverhältnisse der Sondervermögen (Investmentfonds) nach dem Gesetz über Kapitalanlagegesellschaften im Vergleich zu den Rechtsverhältnissen anderer Sondervermögen des Privatrechts, S. 16.
[3] Enneccerus-Nipperdey, Allgemeiner Teil des Bürgerlichen Rechts, 1. Band, 1. Halbband, § 132 II. — Martin, Kritische Betrachtungen zur Lehre vom Sondervermögen, AcP, 102. Band (1907), S. 444. — Bischoff, Zulässigkeit und Existenz von Sondervermögen, DVBl. 1956, 187. — Staudinger-Dilcher, Vorbem. zu § 90 BGB, Rz. 22.
[4] BGHZ, MDR 1967, 989. — RGZ 138, 132 (134).
[5] Vgl. Otto von Gierke, Deutsches Privatrecht, 2. Band, S. 57 ff.

stehen können.[6] Das Problem der großen Zahl laufend wechselnder Beteiligter dürfte auch für die Vorschrift des § 25f ausschlaggebend gewesen sein, die ausdrücklich bestimmt, daß die Kapitalanlagegesellschaft stiller Gesellschafter sein muß.

Die Eigentümerstellung der Kapitalanlagegesellschaft ist jedoch nur eine formaljuristische, da nach § 10 Abs. 1 S. 1 die Verwaltung des Sondervermögens stets für gemeinschaftliche Rechnung der Anteilinhaber und unter Wahrung ihrer Interessen zu erfolgen hat.

Trotz dieser für Treuhandverhältnisse typischen Gestaltung enthält das KAGG keine Aussage darüber, daß es sich bei dem Eigentum der Kapitalanlagegesellschaft um Treuhandeigentum handelt. Nach der Begriffsbestimmung, die das Schrifttum und die Rechtsprechung mangels einer allgemeinen gesetzlichen Regelung der Treuhandschaft für rechtsgeschäftliche Treuhandverhältnisse entwickelt haben, ist Treuhänder derjenige, „der zur Ausübung eines Vermögensrechts in fremdem oder nicht ausschließlich in eigenem Interesse bestellt und dazu mit eigener Rechtszuständigkeit an diesem Recht ausgestattet ist".[7]

Da diese Grundsätze für die Rechtsstellung der Kapitalanlagegesellschaft maßgebend sind, wenn sie gemäß § 6 Abs. 1 S. 2 Eigentum an den Gegenständen des Sondervermögens erwirbt, liegt in diesen Fällen ein Treuhandverhältnis vor.

Im investmentrechtlichen Schrifttum werden deshalb die sich aus § 6 Abs. 1 S. 2 ergebenden Alternativen als Miteigentums- und Treuhandlösung bezeichnet.[8]

In den Fällen, in denen sich die Gegenstände des Sondervermögens gemäß § 6 Abs. 1 S. 2 im Miteigentum der Anteilinhaber befinden, besteht im Schrifttum Einigkeit darüber, daß sich der Begriff „Miteigentum" auf alle Vermögensgegenstände, also auch auf Forderungen, bezieht und damit als pars pro toto für Mitberechtigung und Mitgläubigerschaft anzusehen ist.[9]

---

[6] Vgl. Baur, Investmentgesetze, S. 309. — Steder, in: Investment-Handbuch 425, § 30.

[7] Vgl. Reinhardt/Erlinghagen/Schuler, Die rechtsgeschäftliche Treuhand — Ein Problem der Rechtsfortbildung, JuS 1962, S. 41. — Siebert, Das rechtsgeschäftliche Treuhandverhältnis, S. 407. — RGZ 133, 84 (87); BGHZ, WM 1960, 325 (326).

[8] Wendt, Treuhandverhältnisse nach dem Gesetz über Kapitalanlagegesellschaften, S. 11. — G.H. Roth, Das Treuhandmodell des Investmentrechts, S. 110 ff. — Baur, Investmentgesetze, S. 122/123. — Steder, in: Investment-Handbuch 425, § 6, Rz. 3. — Canaris, Bankvertragsrecht, Rz. 2394.

[9] von Caemmerer, Kapitalanlage- oder Investmentgesellschaft, JZ 1958, 41 (46). — Klenk, Die rechtliche Behandlung des Investmentanteils, S. 8. — Schuler, Kapitalanlagegesellschaften, ihre Sondervermögen und Anteilscheine, NJW 1957, 1049 (1050). — Baur, Investmentgesetze, S. 122. — vom Berge und Herrendorff, Der Schutz des Investmentsparers, S. 43.

A. Die Anteilinhaber

Für die Miteigentümergemeinschaft, die die Anteilinhaber bilden, enthält das KAGG jedoch einige vom gesetzlichen Normaltypus (§§ 1008, 741 ff. BGB) abweichende Regelungen. Nach § 11 Abs. 1 kann kein Anteilinhaber die Aufhebung der in Ansehung des Sondervermögens bestehenden Gemeinschaft der Anteilinhaber verlangen. Mit dieser Regelung wird der jedem Miteigentümer nach § 749 Abs. 2 BGB zustehende Anspruch, die Miteigentümergemeinschaft aus wichtigem Grunde aufkündigen zu können, ausgeschlossen. An die Stelle des Kündigungsrechts setzt das KAGG in § 11 Abs. 2 den Anspruch, gegen Rückgabe des Anteilscheins die Auszahlung des Anteils am Sondervermögen zu verlangen. Auf diesen Weg wird auch der Pfändungsgläubiger verwiesen, dessen Kündigungsrecht nach § 751 Abs. 2 BGB ebenfalls ausgeschlossen wird (§ 11 Abs. 1, 2. Halbs.).

Eine weitere Einschränkung gegenüber dem Recht der Bruchteilsgemeinschaft besteht hinsichtlich der Möglichkeit, über den Anteil an den einzelnen Gegenständen des Sondervermögens verfügen zu können.

Während in § 747 S. 1 BGB jedem Miteigentümer das Recht eingeräumt wird, über jeden Miteigentumsanteil selbständig zu verfügen, stellt das KAGG in § 18 Sonderregelungen auf, die im Ergebnis darauf hinauslaufen, daß die Anteilinhaber über ihre Miteigentumsanteile an den einzelnen Gegenständen des Sondervermögens nur insgesamt verfügen können, indem sie ihren Anteilschein übertragen.[10]

Die Anteilscheine stellen Wertpapiere im Sinne des allgemeinen Wertpapierrechts dar,[11] da die Innehabung der Urkunde zur Geltendmachung des Rechts erforderlich ist, wie z. B. § 11 Abs. 2 zeigt, der die Auszahlung des Anteils am Sondervermögen von der Rückgabe des Anteilscheins abhängig macht.[12]

Bei der Beschreibung der Rechte, die in den Anteilscheinen verbrieft werden, hat sich der Gesetzgeber allerdings unklar ausgedrückt, denn in § 18 Abs. 1 S. 1 werden lediglich „die Ansprüche des Anteilinhabers gegenüber der Kapitalanlagegesellschaft" erwähnt. Während bei der Treuhandlösung die Ansprüche, die dem einzelnen Anteilinhaber gegenüber der Kapitalanlagegesellschaft zustehen, zugleich auch seine Ansprüche an dem Treuhandeigentum mitumfassen, erhebt sich bei der Miteigentumslösung die Frage, ob tatsächlich nur die gegen die Kapitalanlagegesellschaft bestehenden schuldrechtlichen Ansprüche auf Erbringung einer Dienstleistung verbrieft werden, die Miteigentumsrechte jedoch unberücksichtigt bleiben.

---

[10] Graulich, a.a.O., S. 20. — Siara-Tormann, Gesetz über Kapitalanlagegesellschaften, S. 61 ff.
[11] Hueck-Canaris, Recht der Wertpapiere, S. 1 ff.
[12] Ebner von Eschenbach, Die Rechte des Anteilinhabers nach dem Gesetz über Kapitalanlagegesellschaften, S. 158 ff. — Klenk, a.a.O., S. 4 ff.

Nach herrschender Lehre verbrieft der Anteilschein sowohl nach der Treuhand- als auch nach der Miteigentumslösung alle Rechte des Anteilinhabers.[13] Diese Ansicht stützt sich auf § 1 Abs. 1 KAGG, der besagt, daß die Kapitalanlagegesellschaft das bei ihr eingelegte Geld gesondert vom eigenen Vermögen in einem Sondervermögen anzulegen und über die sich hieraus ergebenden Rechte der Einleger (Anteilinhaber) Urkunden (Anteilscheine) auszustellen hat. Aufgrund dieser Regelung wird zutreffend angenommen, daß als Gegenstand der Verbriefung die gesamte Rechtsstellung des Einlegers anzusehen ist und somit bei der Miteigentumslösung auch die Eigentumsrechte am Sondervermögen verbrieft werden.

Um zu verhindern, daß es ungeachtet der Verbriefung aller Rechte dennoch zu einer Aufspaltung kommt,[14] bestimmt § 18 Abs. 3, daß mit der Übertragung der in dem Anteilschein verbrieften Ansprüche stets auch der Anteil an den zum Sondervermögen gehörenden Gegenstände übergeht (Satz 1) und in anderer Form über den Anteil an den zum Sondervermögen gehörenden Gegenständen nicht verfügt werden kann (Satz 2 und 3).[15]

Damit schließt das KAGG das jedem Miteigentümer nach § 747 S. 1 BGB zustehende Recht, über seinen Anteil am einzelnen Miteigentumsgegenstand zu verfügen, aus[16] und verweist ihn statt dessen auf die wertpapierrechtliche Form der Verfügung über seine Rechte als Ganzes.[17]

Ob man wegen dieser Sonderregelung und wegen des Ausschlusses des Kündigungsrechtes nach § 749 Abs. 2 beziehungsweise nach § 751 BGB das Vorliegen einer Bruchteilsgemeinschaft verneinen und statt dessen von einer Gesamthandsgemeinschaft,[18] von einer Rechtsgemeinschaft eigener Art[19] oder von einer Bruchteilsgemeinschaft sprechen kann, die „Verwandtschaft zur Gesamthand aufweist",[20] erscheint jedoch sehr zweifelhaft.

---

[13] Klenk, a.a.O., S. 34. — Geßler, Das Recht der Investmentgesellschaft und ihrer Zertifikatsinhaber, in: Wertpapier-Mitteilungen, 1957, Sonderbeilage Nr. 4 zu Teil IV B Nr. 20 vom 18. Mai 1957, S. 10 (25). — Reuter, Investmentfonds und die Rechtsstellung der Anteilinhaber, S. 116. — von Caemmerer, Kapitalanlage oder Investmentgesellschaften, JZ 1958, S. 41 (48). — Hueck/Canaris, Recht der Wertpapiere, S. 199. — Staudinger/Marburger, Vorbem. zu § 793 BGB, Rz. 61. — Baur, Investmentgesetze, S. 218.
[14] Steder, in: Investment-Handbuch 425, § 18, Rz. 12.
[15] Klenk, a.a.O., S. 35.
[16] Graulich, a.a.O., S. 20. — Schulze-Osterloh, Das Prinzip der Gesamthänderischen Bindung, S. 45.
[17] Baur, Investmentgesetze, S. 227. — Klenk, a.a.O., S. 34. — Schuler, Kapitalanlagegesellschaften, ihre Sondervermögen und Anteilscheine, NJW 1957, 1049 (1051).
[18] So Canaris, Bankvertragsrecht, Rz. 2397. — Schulze-Osterloh, a.a.O., S. 45.
[19] So Gericke, Rechtsfragen zum Investmentsparen, DB 1959, 1276.
[20] So Klenk, a.a.O., S. 9.

A. Die Anteilinhaber

Mit der herrschenden Meinung[21] ist davon auszugehen, daß der Gesetzgeber bei der Regelung der Miteigentumslösung von einer Bruchteilsgemeinschaft der Anteilinhaber ausgegangen ist, wofür nicht nur der Begriff „Miteigentum" in § 6 Abs. 1 S. 2, sondern vor allem auch die Tatsache spricht, daß die Regelung des § 11 Abs. 1 die Existenz einer Gemeinschaft voraussetzt, da anderenfalls das Recht zu ihrer Aufhebung nicht ausgeschlossen werden könnte.

Der von Schulze-Osterloh[22] und Canaris[23] angesprochene Umstand, daß die Regelung des § 18 Abs. 3 S. 1-3 zu einer Einschränkung der Verfügungsbefugnis der Anteilinhaber führt, die im Ergebnis der Bindung entspricht, die gemäß § 719 Abs. 1 BGB für die Gesellschaft des bürgerlichen Rechts charakteristisch ist, reicht nicht für die Annahme aus, daß der Gesetzgeber die Anteilinhaber bei der Miteigentumslösung in Wahrheit in einer Gesamthandsgemeinschaft zusammengefaßt haben soll.

Die Vorschrift des § 18 Abs. 3 S. 1-3 darf nicht isoliert betrachtet werden. Ordnet man sie in die Systematik ein, nach der das KAGG den am Investment-Dreieck Beteiligten ihre Rollen zuweist, so wird deutlich, daß auf seiten der Anteilinhaber die elementarste Voraussetzung für die Bildung einer Gesellschaft, nämlich jegliche Form eine Bindung, ja sogar jede Möglichkeit einer Kontaktaufnahme, fehlt.[24] Die Anteilinhaber sind weder organisiert noch ist überhaupt erfaßt, wer Inhaber von Anteilscheinen ist.[25] Aufgrund der Tatsache, daß die Anteilscheine kleingestückelt ausgegeben werden müssen (§ 21 Abs. 4), werden in der Regel bei jedem Kauf mehrere erworben, so daß die Kapitalanlagegesellschaft lediglich die Zahl der in Umlauf befindlichen Urkunden nennen, aber keine Angaben über die Zahl der Anteilinhaber oder über deren Person machen kann. Daß der Gesetzgeber diese anonyme Masse von Beteiligten in einer auf dem Prinzip persönlichen Bindungen beruhenden Gesellschaft zusammengefaßt hat, kann als ausgeschlossen angesehen werden.

Auch für die Annahme, daß die Vorschrift des § 18 Abs. 3 S. 1-3 Ausdruck einer Typenvermischung zwischen der Miteigentumsgemeinschaft und der Gesellschaft des bürgerlichen Rechts ist, fehlt jeglicher Anhaltspunkt.

Die Vorschrift des § 18 Abs. 3 S. 1-3 stellt vielmehr eine Modifizierung des Rechts der Bruchteilsgemeinschaft dar,[26] wie sie in ähnlicher Weise in § 6

---

[21] Siara/Tormann, Gesetz über Kapitalanlagegesellschaften, S. 32. — Baur, Investmentgesetze, S. 22. — Soergel/Hadding, § 741 BGB, Rz. 7 — Ebner von Eschenbach, a.a.O., S. 53. — Baum, Schutz und Sicherung des Investmentsparens bei Kapitalanlage-Gesellschaften und Investment-Trusts, S. 99.

[22] a.a.O., S. 145.

[23] a.a.O., Rz. 2397.

[24] Meyer-Cording, Investment-Gesellschaften, ZfHR, 115. Band, 1952, S. 65 (78).

[25] Siehe unten Abschnitt B II 3.

DepotG für die Miteigentümergemeinschaft der in Sammelverwahrung genommenen Wertpapiere vorgenommen wurde.

Das Depotgesetz[27] hat die seinerzeit von der Praxis bereits geschaffenen Girosammeldepots legalisiert und das bis dahin ausschließlich vertraglich geregelte Miteigentum am Effektendepot durch die Abwandlung des Rechts der Bruchteilsgemeinschaft auf eine feste Rechtsgrundlage gestellt.

In der gleichen Weise ist der Gesetzgeber offensichtlich auch bei der Abfassung des KAGG vorgegangen, indem er bei der Kodifizierung des Investmentrechts das von der Praxis entwickelte Modell der Bruchteilsgemeinschaft der Anteilinhaber in das KAGG übernommen und, soweit erforderlich, Sonderbestimmungen unterworfen hat.[28]

II. Der Schutz der Rechte der Anteilinhaber am Sondervermögen

1. Die Freistellung des Sondervermögens von der Haftung für Verbindlichkeiten

Um in den Fällen der Treuhandlösung das Sondervermögen nicht Ansprüchen der Gläubiger der Kapitalanlagegesellschaften auszusetzen, bestimmt § 10 Abs. 2 S. 1 Halbs. 1, daß das Sondervermögen nicht für Verbindlichkeiten der Kapitalanlagegesllschaft haftet.[1] Bei der Miteigentumslösung ist dies eine Selbstverständlichkeit, da die Kapitalanlagegesellschaft in diesen Fällen nicht Inhaberin des Sondervermögens ist, so daß dieses als Haftungsgrundlage für ihre Schulden nicht in Betracht kommt.[2]

Das KAGG geht im 2. Halbsatz von § 10 Abs. 2 S. 1 noch einen Schritt weiter und stellt das Sondervermögen auch von Verbindlichkeiten aus Rechtsgeschäften frei, die die Kapitalanlagegesellschaft für gemeinschaftliche Rechnung der Anteilinhaber, also für das Sondervermögen, abschließt. Die gedanklich am nächsten liegende Alternative, daß die Anteilinhaber für die zu ihren Gunsten abgeschlossenen Geschäfte bis zur Höhe ihres Anteils am Sondervermögen selbst haften, schließt § 10 Abs. 2 S. 3 durch die ausdrückliche Bestimmung aus, daß die Kapitalanlagegesellschaft nicht berechtigt ist, im Namen der Anteilinhaber Verbindlichkeiten einzugehen. Abweichende Vereinbarungen sind gemäß Satz 3 unwirksam.

---

[26] Vgl. Soergel/Hadding, § 741 BGB, Anm. 7. — Staudinger/Huber, § BGB, Anm. 5.

[27] Heinsius/Horn/Than, Depotgesetz, §5, Rz. 1-8. — Opitz, Depotgesetz, § 1, Anm. 3. — Quassowski/Schröder, Bankdepotgesetz, S. 22.

[28] Schäcker, a.a.O., S. 130. — Dürre, Investmentsparen und Investmentgesellschaften, in: Sparkasse, 1956, 219 (220, Sp. 2). — Reuter, a.a.O., S. 105.

[1] Steder, in: Investment-Handbuch 425, § 10, Rz. 5.

[2] Siara/Tormann, Gesetz über Kapitalanlagegesellschaften, S. 44.

A. Die Anteilinhaber

Der rechtspolitische Zweck dieser ausgesprochen weitgehenden Freistellung liegt im Schutz der Anteilinhaber vor persönlicher Inanspruchnahme sowie in der Absicherung des Sondervermögens bei pflichtwidrigen Geschäften der Kapitalanlagegesellschaft.[3] Um zu verhindern, daß die Haftung des Sondervermögens gegenüber Dritten unter Umständen von der Frage der Pflichtmäßigkeit des Handelns der Kapitalanlagegesellschaft abhängt, sollen Außenstehende auf das Sondervermögen nicht Zugriff nehmen können.[4] Selbst die Aufrechnung von Forderungen gegen die Kapitalanlagegesellschaft mit Forderungen, die zu einem Sondervermögen gehören, wird nach § 9 Abs. 4 ausgeschlossen. Lediglich die Kapitalanlagegesellschaft und die Depotbank können gemäß §§ 10 Abs. 3, 12 Abs. 7 und 8 das Sondervermögen in Anspruch nehmen und unter wechselseitiger Kontrolle die Auszahlung der ihnen zustehenden Vergütungen sowie Ersatz von Aufwendungen verlangen.

Dritte werden bei allen Geschäften, die das Sondervermögen betreffen, darauf verwiesen, sich an die Kapitalanlagegesellschaft zu halten und erst bei nicht ausreichendem Eigenvermögen der Kapitalanlagegesellschaft auf die Erstattungsansprüche zurückzugreifen, die dieser gegen das Sondervermögen zustehen.[5]

Diesen Weg müssen selbst Kreditgeber gehen, wenn eine Kapitalanlagegesellschaft von der Möglichkeit Gebrauch macht, gemäß § 9 Abs. 3 in besonderen Fällen für gemeinschaftliche Rechnung der Anteilinhaber Kredite bis zur Höhe von 10 vom Hundert des Sondervermögens aufzunehmen. Diese Vorschrift ist im Zuge der im Jahre 1969 durchgeführten Novellierung[6] in das KAGG aufgenommen worden. Nach der damals gegebenen Begründung[7] soll es den Kapitalanlagegesellschaften in ähnlicher Weise wie den zum Vertrieb ihrer Anteile in Deutschland zugelassenen ausländischen Investmentgesellschaften gestattet sein, in besonderen Fällen für kurze Zeit Kredite aufzunehmen, deren Aufnahme und Rückzahlung jeweils der Bankenaufsichtsbehörde zu melden ist.

Obwohl der Gesetzgeber bei den „besonderen Fällen" der Kreditaufnahme Situationen im Auge hat, in denen verstärkte Anteilrückgaben in Zeiten

---
[3] Canaris, Bankvertragsrecht, Rz. 2411. — Schäcker, Entwicklung und System des Investmentrechts, S. 114 ff.

[4] Geßler, Das Recht der Investmentgesellschaften und ihrer Zertifikatsinhaber, in: Wertpapier-Mitteilungen, 1957, Sonderbeilage Nr. 4 zu Teil IV B Nr. 20 vom 18. Mai 1957, S. 10 (19). — Baur, Investmentgesetze, S. 169.

[5] G.H. Roth, Das Treuhandmodell des Investmentrecht s, S. 137.

[6] Gesetz über den Vertrieb ausländischer Investmentanteile, über die Besteuerung ihrer Erträge sowie zur Änderung und Ergänzung des Gesetzes über Kapitalanlagegesellschaften vom 28. Juli 1969 (BGBl. I, S. 986).

[7] Schriftlicher Bericht des Ausschusses für Wirtschaft und Mittelstandsfragen, Deutscher Bundestag, 5. Wahlperiode, Drucksache V/4414, S. 4.

fallender Börsenkurse die Gefahr heraufbeschwören, daß zur Beschaffung der notwendigen Liquidität Wertpapiere zum falschen Zeitpunkt veräußert werden,[8] hält er das in § 9 Abs. 2 ausgesprochene Verbot, Gegenstände eines Sondervermögens zu verpfänden, zur Sicherung zu übereignen, zur Sicherung abzutreten oder sonst zu belasten, aufrecht.

Einen gemäß § 9 Abs. 3 zugunsten eines Sondervermögens vorgesehenen Kredit muß die Kapitalanlagegesellschaft deshalb selbst aufnehmen, d. h. selbst Sicherheit leisten und wegen der Zinsen und Tilgung ihren Erstattungsanspruch gegen das Sondervermögen geltend machen.[9]

Nur bei Grundstücks-Sondervermögen läßt das KAGG im Rahmen der in § 37 Abs. 3 genannten Voraussetzungen Belastungen von Gegenständen zu, die zum Sondervermögen gehören. Hierbei handelt es sich nicht nur um die üblichen Dienstbarkeiten der Abteilung II des Grundbuchs, sondern um Hypotheken und Grundschulden zur Besicherung aufgenommener Kredite, die insgesamt 50 vom Hundert des Verkehrswertes der im Sondervermögen befindlichen Grundstücke ausmachen dürfen.[10] Zur Begründung dieser Regelung wird angeführt, daß „eine wirtschaftliche Bebauung von Grundstücken häufig die teilweise Fremdfinanzierung voraussetzt".[11]

Dem generellen Belastungsverbot bei Wertpapier-Sondervermögen steht also die an einer wirtschaftlichen Bebauung von Grundstücken orientierte Zulassung von Belastungen bei Grundstücks-Sondervermögen gegenüber.[12]

Trotz dieser Möglichkeit, Grundstücke des Sondervermögens zu belasten, muß die Grundstücks-Kapitalanlagegesellschaft dennoch alle für das Sondervermögen bestimmten Kredite als eigene Kredite aufnehmen. Dies ergibt sich aus dem Wortlaut von § 37 Abs. 3, der sich nur auf die Bestellung von Kreditsicherheiten bezieht, und vor allem aus der Tatsache, daß die Übergangsvorschriften,[13] die die Umgestaltung „risikomischender Immobilienfonds" in Grundstücks-Kapitalanlagegesellschaften regelten, in Art. 2 Abs. 3 S. 1 ausdrücklich bestimmten, daß alle zur Finanzierung eines Sondervermögens aufgenommenen Fremdmittel zu Verbindlichkeiten der Kapitalanlagegesellschaft wurden.

Die Bereitstellung von Sicherheiten für diese auf die Kapitalanlagegesellschaft übergegangenen Verbindlichkeiten sah § 2 Abs. 4 S. 2 der Übergangsregelungen ausdrücklich vor.[14]

---

[8] Baur, Investmentgesetze, S. 159.
[9] Steder, Die neue Investmentgesetzgebung, in: Wertpapier-Mitteilungen, 1969, Sonderbeilage Nr. 2, S. 2 (11). — Canaris, Bankvertragsrecht, Rz. 2411.
[10] Steder, in: Investment-Handbuch 425, § 37, Rz. 6 und 7.
[11] Bundestagsdrucksache, 5. Wahlperiode, 4414, S. 6.
[12] Baur, Investmentgesetze, S. 331.
[13] Gesetz zur Änderung und Ergänzung des Gesetzes über Kapitalanlagegesellschaften und der Gewerbeordnung vom 28. Juli 1969, BGBl. I, S. 986 (992).

A. Die Anteilinhaber

Damit ist es im Falle von Grundstücks-Sondervermögen den Inhabern von Grundpfandrechten möglich, im Rahmen der Verwertung auf das Sondervermögen Zugriff zu nehmen.

Zu dieser Ausnahme von dem Grundsatz, das Sondervermögen von Ansprüchen Dritter freizuhalten, sah sich der Gesetzgeber gezwungen, da bei der Finanzierung großer Verwaltungsgebäude oder Einkaufszentren die Eigenmittel der Kapitalanlagegesellschaft bei weitem nicht ausreichen, die erforderlichen Kreditsicherheiten bereitzustellen.

Der diesen Regelungen zugrundeliegende Gedanke der alleinigen Haftung der Kapitalanlagegesellschaft im Außenverhältnis gegenüber Dritten[15] führt dazu, daß im Innenverhältnis die finanzielle Abwicklung aller für ein Sondervermögen getätigter Käufe und Verkäufe gemäß §§ 611, 675, 670 BGB zu erfolgen hat.[16]

Dieses auf den ersten Blick sehr umständlich erscheinende Verfahren gewährt den Anteilinhabern aber auch im Innenverhältnis gegenüber die Kapitalanlagegesellschaft eine Absicherung, da sich nach § 670 BGB der Anspruch des Beauftragten auf Ersatz seiner Aufwendungen nur auf solche Aufwendungen erstreckt, die er den Umständen nach für erforderlich halten darf. Diese Voraussetzung ist nur bei solchen Aufwendungen gegeben, die nach dem KAGG und den Vertragsbedingungen zulässig sind. Aufwendungsersatz kann die Kapitalanlagegesellschaft also immer insoweit beanspruchen, als sie sich mit ihren Geschäften innerhalb der gesetzlich und vertraglich gezogenen Grenzen bewegt.[17]

2. Konkursaussonderung und Drittwiderspruchsklage

Nach § 13 Abs. 3 S. 2 gehört das Sondervermögen nicht zur Konkursmasse der Kapitalanlagegesellschaft. Das sich aus dieser Bestimmung ergebende Aussonderungsrecht ist von der Depotbank auszuüben,[18] da nach § 13 Abs. 3 Abs. 1 das Recht der Kapitalanlagegesellschaft zur Verwaltung des Sondervermögens mit der Konkurseröffnung erlischt und an ihrer Stelle die Depotbank das Sondervermögen zu verwalten hat (§ 14 Abs. 1).

Die Bestimmung, daß das Sondervermögen nicht zur Konkursmasse gehört, stellt in den Fällen der Miteigentumslösung lediglich eine Bestätigung

---

[14] Hierzu ausführlich Steder, in: Investment-Handbuch, 435, § 2, Rz. 5.
[15] Schäcker, a.a.O., S. 114.
[16] Baur, Investmentgesetze, S. 169. — Steder, in: Investment-Handbuch 425, § 10, Rz. 9 und 10.
[17] Canaris, Bankvertragsrecht, Rz. 2439. — Baur, Investmentgesetze, S. 170. — Siara/Tormann, Gesetz über Kapitalanlagegesellschaften, S. 50.
[18] Baur, Investmentgesetze, S. 194/195. — Steder, in: Investment-Handbuch 425, § 13, Rz. 8.

der ohnehin aufgrund der Eigentümerstellung der Anteilnehmer gegebenen Abwehransprüche dar. Für die Fälle der Treuhandlösung begründet das Recht zur Aussonderung hingegen einen Schutz, der über die auf das Treuhandverhältnis begrenzten Beziehungen zwischen den Anteilinhabern und der Kapitalanlagegesellschaft hinausgeht und der dahin führt, daß es für den Schutz der Anteilinhaber gegenüber Gläubigern der Kapitalanlagegesellschaft ohne Bedeutung ist, ob sich ihre Rechtsstellung aus Miteigentumsrechten oder aus schuldrechtlichen Ansprüchen am Sondervermögen ableitet. Mit dieser Gleichstellung der Ansprüche aus dem Treuhandverhältnis mit den Miteigentumsrechten bei der Abwehr von Ansprüchen Dritter wird das grundsätzlich bestehende Unterscheidungsmerkmal zwischen obligatorischen und dinglichen Rechten aufgehoben. Dieses besteht darin, daß obligatorische Rechte nur zwischen den unmittelbar Beteiligten Rechtswirkungen erzeugen, während dingliche Rechte absolut, d. h. losgelöst von persönlichen Beziehungen gegenüber jedermann wirken.[19]

Indem der Gesetzgeber die Rechte der Anteilinhaber bei der Treuhandlösung mit einem Schutz ausstattet, der über das Treuhandverhältnis mit der Kapitalanlagegesellschaft hinaus auch gegenüber deren Gläubigern wirkt, begründet er eine Rechtsstellung, die derjenigen eines dinglich Berechtigten entspricht. Durch § 13 Abs. 3 Abs. 2 wird die obligatorische Rechtsstellung, die die Anteilinhaber bei der Treuhandlösung innehaben, verdinglicht.[20]

Die gleiche Wirkung geht von § 12 Abs. 8 Ziff. 2 aus, der gegenüber Einzelvollstreckungsmaßnahmen in das Sondervermögen die von der Depotbank geltend zu machende Drittwiderspruchsklage gemäß § 771 ZPO gewährt.

Die Bedeutung, die den §§ 13 Abs. 3 S. 2 und 12 Abs. 8 Ziff. 2 für den Schutz des Sondervermögens gegenüber Ansprüchen Dritter zukommt, wird in ihrem vollen Umfang erst dann ersichtlich, wenn die Surrogationsvorschriften des § 6 Abs. 2 in die Betrachtung miteinbezogen werden.

Gemäß § 6 Abs. 2 gehört zum Sondervermögen nicht nur alles, was aufgrund eines zum Sondervermögen gehörenden Rechts oder als Ersatz für ein zum Sondervermögen gehörendes Recht erworben wird, sondern auch alles, was die Kapitalanlagegesellschaft durch ein Rechtsgeschäft erwirbt, das sich auf das Sondervermögen bezieht.

In allen diesen Fällen vollzieht sich der Vermögenserwerb zugunsten des Sondervermögens kraft Gesetzes, ohne daß es darauf ankommt, daß die

---
[19] Dulckeit, Die Verdinglichung obligatorischer Rechte, S. 48. — Canaris, Die Verdinglichung obligatorischer Rechte, Festschrift für W. Flume, Band I, S. 371 (381). — Medicus, Drittbeziehungen im Schuldverhältnis, JuS 1974, 613 (621/622).

[20] Klenk, Die rechtliche Behandlung des Investmentanteils, S. 7. — Canaris, Bankvertragsrecht, Rz. 2395. — von Caemmerer, Kapitalanlage oder Investmentgesellschaften, JZ 1958, S. 41 (48).

A. Die Anteilinhaber

Kapitalanlagegesellschaft die Absicht hat, für das Sondervermögen zu handeln.[21] Es genügt bereits eine sachliche Beziehung des Erwerbsgeschäfts zum Sondervermögen, um alle Vermögensgegenstände, die die Kapitalanlagegesellschaft erwirbt, aufgrund der dinglichen Zuweisung des § 6 Abs. 2 zu Bestandteilen des Sondervermögens werden zu lassen.[22]

Diese unmittelbare Zuordnung begründet zugunsten der Anteilinhaber einen sehr weitreichenden Schutz.[23] In den Fällen der Miteigentumslösung erlangen die Anteilinhaber ohne Zwischenerwerb durch die Kapitalanlagegesellschaft Miteigentum, und in den Fällen der Treuhandlösung werden die Vermögensgegenstände, die die Kapitalanlagegesellschaft erwirbt, unmittelbar zu Treuhandeigentum. Dies führt bei der Treuhandlösung zu einer Absicherung der Anteilinhaber, die wesentlich umfassender ist als der Schutz, der nach der Rechtsprechung des BGH[24] und nach dem Teil des Schrifttums gegeben ist, der am Unmittelbarkeitsprinzip bei der Begründung von Treugut festhält.[25]

Die sich aus dem Unmittelbarkeitsprinzip ergebende Beschränkung der Treugutbegründung auf solche Vermögensgegenstände, die unmittelbar vom Treugeber auf den Treuhänder übertragen werden, wird durch die Sonderregelung des § 6 Abs. 2 für das Investmentsparen aufgehoben. Die mit dem Unmittelbarkeitsprinzip verbundene Einschränkung des Schutzes des Treugebers[26] in allen Fällen, in denen der Zweck des Treuhandverhältnisses gerade darin besteht, daß der Treuhänder für den Treugeber von dritter Seite Gegenstände erwirbt, würde beim Investmentsparen zu unbefriedigenden Lösungen führen. Die Tätigkeit der Investmentgesellschaften, für die die laufende Umschichtung des Sondervermögens geradezu kennzeichnend ist, wäre undenkbar, wenn sie im Rahmen eines Treuhandverhältnisses abgewickelt werden sollte, das dem Unmittelbarkeitsprinzip unterliegt.

---

[21] Steder, in: Investment-Handbuch 425, § 6, Rz. 5. — Geßler, Das Recht der Investmentgesellschaften und ihrer Zertifikatsinhaber, in: Wertpapier-Mitteilungen, 1957, Sonderbeilage Nr. 4 zu Teil IV B Nr. 20 vom 18. Mai 1957, S. 10 (15). — Baum, Schutz und Sicherung des Investmentsparers bei Kapitalanlage-Gesellschaften und Investment-Trusts, S. 109.

[22] G.H. Roth, Das Treuhandmodell des Investmentrechts, S. 139. — Baur, Investmentgesetze, S. 125 ff.

[23] Strauch, Mehrheitlicher Rechtsersatz, S. 49.

[24] BGH, WM 1960, 325; BGH, NJW 1969, S. 1223 (1225).

[25] Schuler, Die rechtsgeschäftliche Treuhand — ein Problem der Rechtsfortbildung, JuS 1962, S. 50 (52). — Soergel/Schultze von Lasaulx, vor § 164 BGB, Rz. 70. — Steffen, BGB-RGRK vor § 164 BGB, Rz. 26. — Opitz, Treumacht, Zeitschrift f.d.g. Kreditwesen, 1954, S. 512 (513).

[26] Siehe hierzu im einzelnen Reinhardt/Erlinghagen, JuS 1962, 41 (47). — Assfalg, Die Behandlung von Treugut im Konkurs des Treuhänders, S. 169 ff. — Walter, Das Unmittelbarkeitsprinzip bei der fiduziarischen Treuhand, S. 94 ff.

Diesem Umstand trägt der KAGG-Gesetzgeber mit der Surrogationsregelung des § 6 Abs. 2 und mit den Interventionsvorschriften der §§ 12 Abs. 8 Ziff. 2 und 13 Abs. 3 Rechnung. Er gibt damit zu erkennen, daß die Notwendigkeit besteht, die Stellung des Treugebers in den Fällen besser abzusichern, in denen der Treuhänder das Treugut von dritter Seite erwirbt.

Hierin liegt die über den Schutzzweck der §§ 6 Abs. 2, 12 Abs. 8 Ziff. 2, 13 Abs. 3 hinausreichende grundsätzliche Bedeutung dieser Vorschriften.[27]

B. Die Kapitalanlagegesellschaft

I. Der Begriff der Kapitalanlagegesellschaft

Die in § 1 Abs. 1 gegebene Definition der Kapitalanlagegesellschaft ist sehr eng gefaßt. Danach gelten als Kapitalanlagegesellschaft nur solche Unternehmen, die von ihren Kunden Geldeinlagen hereinnehmen, diese nach dem Grundsatz der Risikomischung im eigenen Namen für gemeinschaftliche Rechnung der Kunden vom eigenen Vermögen getrennt in Wertpapieren und Beteiligungen als stiller Gesellschafter oder in Grundstücken anlegen und den Einlegern Anteilscheine über ihre Recht ausstellen.

Die Anwendung des KAGG auf derartige Gesellschaften hängt davon ab, ob deren Geschäftsbereich auf die in § 1 Abs. 1 beschriebene Tätigkeit ausgerichtet ist. Für die Entscheidung der Frage, ob eine Gesellschaft als Kapitalanlagegesellschaft anzusehen ist, kommt es deshalb nicht auf den Inhalt ihrer Satzung, sondern vielmehr darauf an, ob die in § 1 Abs. 1 beschriebene Tätigkeit tatsächlich ausgeübt wird.[1]

Die Gründung von Wertpapier-, Beteiligungs- oder Immobiliengesellschaften, die die Voraussetzungen des § 1 Abs. 1 nicht oder noch nicht vollzählig erfüllen, soll — auch wenn sie sich an das anlagesuchende Publikum wenden — durch das KAGG weder behindert noch verboten werden.[2] Auf solche Gesellschaften findet das KAGG keine Anwendung, was zur Folge hat, daß ihnen die besonderen steuerrechtlichen Regelungen der §§ 38 ff. verschlossen bleiben und daß sie nach § 7 Abs. 1 weder in ihrer Firma noch in ihrer Werbung von den Bezeichnungen „Kapitalanlagegesellschaft", „Investmentgesellschaft", „Kapitalanlage" oder „Invest" Gebrauch machen dürfen.[3]

---

[27] Vgl. Strauch, a.a.O., S. 89. — Coing, Die Treuhand kraft privaten Rechtsgeschäfts, S. 24.

[1] Vgl. Steder, in: Investment-Handbuch 425, § 1, Rz. 2.

[2] Vgl. Baur, Investmentgesetze, S. 90. — von Caemmerer, Kapitalanlage- und Investmentgesellschaften, JZ 1958, S. 41 (44).

B. Die Kapitalanlagegesellschaft

Die Entscheidung darüber, ob eine Gesellschaft als Kapitalanlagegesellschaft den Bestimmungen des KAGG unterliegt, fällt in den Aufgabenbereich der Bankenaufsicht. Nach § 2 Abs. 1 sind Kapitalanlagegesellschaften Kreditinstitute. Aufgrund dieser Vorschriften und der korrespondierenden Regelung des § 1 Abs. 1 S. 2 Ziff. 6 KWG, die das Investmentgeschäft unter Verwendung dieser Bezeichnung in den Katalog der Bankgeschäfte einreiht, hat das Bundesaufsichtsamt für das Kreditwesen gemäß § 6 KWG die Einhaltung der Vorschriften des KAGG und des KWG von Amts wegen zu überwachen.

Das Kreditwesengesetz gilt für Kapitalanlagegesellschaften wegen des Sondercharakters des Investmentgeschäfts nicht in vollem Umfang. Seine Vorschriften werden weitgehend durch die Bestimmungen des KAGG als lex specialis ersetzt. Die Kontrolltätigkeit der Bankenaufsicht hat sich demzufolge primär an den vom KAGG gesetzten Normen zu orientieren.[4]

Bei den Vorschriften des KWG, die gegenüber Kapitalanlagegesellschaften zur Anwendung kommen,[5] handelt es sich vor allem um die §§ 32-38, die die Zulassung zum Geschäftsbetrieb, die Versagung der Betriebserlaubnis, die Abberufung von Geschäftsleitern etc. betreffen. Außerdem sind in diesem Zusammenhang die §§ 24-30 KWG zu nennen. Sie regeln die Anzeigepflicht bei allen wesentlichen Vorgängen, wie Kapitalveränderungen, Sitzverlegung oder die Bestellung bzw. das Ausscheiden eines Geschäftsleiters.[6]

In bezug auf die Rechtsform bestimmt § 1 Abs. 2, daß Kapitalanlagegesellschaften nur in der Form der Aktiengesellschaft oder der GmbH betrieben werden dürfen. Vergleichbare Vorschriften finden sich in § 7 Abs. 1 Versicherungsaufsichtsgesetz,[7] in § 2 Abs. 1 Hypothekenbankgesetz[8] und in § 2 Abs. 1 Bausparkassengesetz,[9] wobei die letztgenannte Vorschrift für den

---

[3] Baum, Schutz und Sicherung des Investmentsparers bei Kapitalanlagegesellschaften und Investment-Trusts, S. 38. — Siara/Tormann, Gesetz über Kapitalanlagegesellschaften, S. 22.

[4] Vgl. Schork, in: Investment-Handbuch 425, § 2, Rz. 3.

[5] Vgl. Baur, Investmentgesetze, S. 101 ff.

[6] Eine detaillierte Übersicht über die Vorschriften des KWG, die auf Kapitalanlagegesellschaften Anwendung finden, gibt Schork, in: Investment-Handbuch 425, § 2, Rz. 4 ff.

[7] Versicherungsaufsichtsgesetz in der Fassung der Bekanntmachung vom 13. Okt. 1983 (BGBl. I, S. 1261), zuletzt geändert durch Artikel 6 des zweiten Gesetzes zur Förderung der Vermögensbildung der Arbeitnehmer durch Kapitalbeteiligungen (Zweites Vermögensbildungsgesetz) vom 19. Dez 1986 (BGBl. I, S. 2595).

[8] Hypothekenbankgesetz vom 13. Juli 1899 (RGBl., S. 375), in der im Bundesgesetzblatt, Teil III, Gliederungsnummer 7628-1, veröffentlichten bereinigten Fassung, zuletzt geändert durch Artikel 1 des ersten Rechtsbereinigungsgesetzes vom 24. April 1986 (BGBl. I, S. 560).

[9] Gesetz über Bausparkassen vom 16. November 1972 (BGBl. I, S. 2097), zuletzt

Betrieb einer Bausparkasse sogar nur die Rechtsform der Aktiengesellschaft zuläßt.

Ausschlaggebend für derartige Einschränkungen ist das Bestreben, nur Rechtsformen zuzulassen, deren Struktur ein feststehendes Eigenkapital vorsieht und im Bedarfsfall bei der Beschaffung weiterer Eigenmittel eine einfache Abwicklung gewährleistet.[10] Vor der Einfügung des § 25a in das KWG,[11] der die Publizitätspflicht für Kreditinstitute jeder Rechtsform nunmehr einheitlich regelt, spielten für die Beschränkung auf die AG und die GmbH auch die in den §§ 177, 178 AktG und in dem inzwischen aufgehobenen § 41 Abs. 4 GmbHG geregelte Publizitätspflicht eine wesentliche Rolle.[12]

Weitere Anforderungen an die Organisation und die Tätigkeit der Kapitalanlagegesellschaften enthalten die Vorschriften über den Aufsichtsrat, der auch bei den in der Rechtsform der GmbH betriebenen Kapitalanlagegesellschaften zwingend ist (§ 3), sowie die Vorschrift über die Qualifikation der Aufsichtsratsmitglieder (§ 4). Außerdem sind in diesem Zusammenhang die Vorschriften über die Ausstattung der Aktien als Namensaktien (§ 1 Abs. 3 S. 1), die Bestimmungen über die Form der Übertragung von Aktien und GmbH-Anteilen einer Kapitalanlagegesellschaft (§ 1 Abs. 3 S. 2-4 und Abs. 4) sowie die Regelungen des § 2 Abs. 2 über das haftende Eigenkapital, dessen volle Einzahlung und schließlich die Bestimmung darüber zu nennen, daß der Gesellschaftsvertrag neben der Kapitalanlagetätigkeit keine anderen Geschäfte als die Verwaltung des eigenen Vermögens zuläßt.

II. Die Rechtsbeziehungen zwischen der Kapitalanlagegesellschaft und den Anteilinhabern

1. Der Investmentvertrag auf der Grundlage allgemeiner Geschäftsbedingungen

Das KAGG enthält weder genaue Vorschriften über die Art des Vertragsverhältnisses, das zwischen dem Anteilerwerber und der Kapitalanlagegesellschaft geschlossen wird, noch über die Art und Weise seines Zustandekommens. Dafür stellt § 15 Abs. 1-3 einen sehr weitreichenden Katalog von Sachpunkten auf, die in Form allgemeiner Vertragsbedingungen in den

---

geändert durch Artikel 2 des vierzehnten Gesetzes zur Änderung des Versicherungsaufsichtsgesetzes vom 29. März 1983 (BGBl. I, S. 377).

[10] Lehmann/Schäfer, Bausparkassengesetz, S. 67.

[11] Zweites Gesetz zur Änderung des Gesetzes über das Kreditwesen vom 24. März 1976 (BGBl. I, S. 725).

[12] Vgl. Baur, Investmentgesetze, S. 95. — Schuler, Kapitalanlagegesellschaften, ihre Sondervermögen und Anteilscheine, NJW 1957, S. 1049.

B. Die Kapitalanlagegesellschaft

Investmentvertrag aufgenommen werden müssen. Im einzelnen handelt es sich dabei um die Festlegung der Auswahlkriterien der Vermögensgegenstände, die mit den Einlagen der Anteilscheinerwerber angeschafft werden, sowie um die Frage, ob die Eigentumsverhältnisse am Sondervermögen nach der Treuhand- oder der Miteigentumslösung geregelt werden. Außerdem ist festzulegen, bis zu welcher Höhe Bankguthaben als Liquiditätsreserve gehalten werden können. Schließlich ist in den Vertragsbedingungen die Höhe der Vergütung der Kapitalanlagegesellschaft sowie der Depotbank und auch der Aufschlag für die Ausgabe der Anteilscheine zu regeln. Außerdem ist zu bestimmen, unter welchen Bedingungen die Rücknahme von Anteilscheinen durchgeführt wird und die Ausschüttung von Erträgen und Veräußerungsgewinnen erfolgt.

Diese keineswegs erschöpfende Wiedergabe des Katalogs des § 15 Abs. 1-3 zeigt, daß alle für den Investmentvertrag wesentlichen Punkte in Form der Vertragsbedingungen geregelt und in den Investmentvertrag einbezogen werden müssen. Damit wird der Investmentvertrag konsequent an der Tatsache ausgerichtet, daß zu den Grundvoraussetzungen jeder Investmenttätigkeit das kollektive Sparen zählt. Die sich daraus ergebende Notwendigkeit, gegenüber einer Vielzahl von Investmentsparern einheitliche Vertragsbedingungen sicherzustellen, führt zum Ausschluß individueller Vertragsregelungen. An deren Stelle bestimmen gemäß § 15 Abs. 1 die Vertragsbedingungen das Rechtsverhältnis zwischen der Kapitalanlagegesellschaft und den Anteilinhabern. Diese sind vor der Ausgabe von Anteilscheinen schriftlich festzulegen und von der Bankaufsichtsbehörde zu genehmigen (§ 15 Abs. 2 S. 1).

Obwohl mit der Genehmigung der Vertragsbedingungen durch die Bankaufsichtsbehörde der Investmentvertrag praktisch in allen wesentlichen Punkten vorgegeben ist, ist in der Bekanntgabe der Vertragsbedingungen, beispielsweise in Prospekten der Kapitalanlagegesellschaft, noch kein Angebot zum Abschluß eines Investmentvertrages zu sehen.[1] Ein dahingehender Wille ist nicht anzunehmen, da sich die Kapitalanlagegesellschaft anderenfalls einem unbeschränkten Kontrahierungszwang aussetzen würde. Sie würde damit den eigenen Entscheidungsspielraum über die Forcierung oder Drosselung geschäftlicher Aktivitäten in einem Maße einschränken, das über das open-end-Prinzip des KAGG hinausgeht. Das open-end-Prinzip besagt lediglich, daß die rechtlichen und organisatorischen Voraussetzungen für den laufenden Wechsel neu eintretender und ausscheidender Anteilinhaber gegeben sein müssen.

Das KAGG bestimmt jedoch an keiner Stelle, daß ständig Anteile ausgegeben werden müssen. Eine dahingehende Verpflichtung ist dem open-end-

---

[1] Vgl. Canaris, Bankvertragsrecht, Rz. 2358. — Ebner von Eschenbach, Die Rechte des Anteilinhabers nach dem Gesetz über Kapitalanlagegesellschaften, S. 86 ff.

Prinzip nicht immanent. Bezüglich der Ausgabe neuer Anteilscheine sehen die Mustervertragsbedingungen deshalb die Möglichkeit vor, deren Ausgabe zu beschränken bzw. zeitweilig oder auch ganz einzustellen.[2]

Aus diesen einschränkenden Klauseln der Vertragsbedingungen wird ersichtlich, daß in ihrer Veröffentlichung keine Willenserklärung der Kapitalanlagegesellschaft auf Abschluß eines Investmentvertrages zu sehen ist. Ein Vertrag kommt erst zustande, wenn die Investmentgesellschaft die Offerte eines Anteilscheinerwerbers annimmt. Diese Offerte wird nach allgemein vertretener Ansicht zutreffend in dem Antrag auf Erwerb von Anteilscheinen und ihre Annahme in der Abrechnung gesehen, mit der dem Anteilscheinerwerber der Eingang seines Angebots bestätigt, der Ausgabepreis mitgeteilt und dessen Einzahlung angefordert wird.[3]

Hinsichtlich der Einbeziehung der Vertragsbedingungen in den Investmentvertrag setzt das KAGG, wie die Regelung des § 19 Abs. 1 S. 1 zeigt, voraus, daß jedem Erwerber eines Anteilscheins die Vertragsbedingungen, ein Verkaufsprospekt sowie eine Durchschrift des Antrags auf Vertragsschluß ausgehändigt werden.

Erfolgt die Aushändigung vor oder während des Abschlusses des Investmentvertrages, so werden die Vertragsbedingungen kraft rechtsgeschäftlicher Vereinbarung Vertragsinhalt. Unterbleibt die Aushändigung, so schließt allein diese Tatsache die Einbeziehung der Vertragsbedingungen in den Investmentvertrag noch nicht aus, da § 19 Abs. 1 S. 2 vorschreibt, daß der Antragsvordruck einen Hinweis auf die Höhe des vom Anteilscheinerwerber zu zahlenden Ausgabeaufschlags und einen Hinweis auf die jährlich aus dem Sondervermögen an die Kapitalanlagegesellschaft zu zahlenden Vergütung zu erhalten hat. Aufgrund der Tatsache, daß beide Punkte gemäß § 15 Abs. 3 lit. e und f in den Vertragsbedingungen zu regeln sind, erhält der Anteilscheinerwerber in der Regel auf diesem Wege Kenntnis von der Einbeziehung der Vertragsbedingungen in den Investmentvertrag. Die Wahrscheinlichkeit, daß der Antragsvordruck die zu erwähnenden Vergütungen als Teil der allgemeinen Vertragsbedingungen darstellt, ist sehr groß, da in diesem Zusammenhang die Genehmigung der allgemeinen Vertragsbedingungen durch die Aufsichtsbehörde hervorgehoben und als vertrauenschaffender Tatbestand dargestellt werden kann.

Sollte es dennoch vorkommen, daß der Antragsvordruck keinen Hinweis auf die allgemeinen Vertragsbedingungen enthält, so ist in den Fällen, in

---

[2] Siehe § 7 Abs. 1 der Mustervertragsbedingungen für Wertpapier-Sondervermögen sowie § 9 Abs. 1 S. 2 der Mustervertragsbedingungen für Grundstücks-Sondervermögen (Anhang).

[3] Schäcker, Entwicklung und System des Investmentsparens, S. 50 ff. — Klenk, Die rechtliche Behandlung des Investmentanteils, S. 12 ff. — Baur, Investmentgesetze, S. 201 ff. — Canaris, Bankvertragsrecht, Rz. 2358/59.

denen auch die Aushändigung der Vertragsbedingungen unterblieben ist, zu prüfen, ob ihre Einbeziehung gemäß § 23 Abs. 3 AGBG[4] erfolgt ist.

Die Sonderbestimmung des § 23 Abs. 3 ABGB greift immer dann, wenn im Falle von Bauspar-, Versicherungs- oder Investmentsparverträgen die Hinweispflicht oder die Kenntnisverschaffungspflicht über die Verwendung allgemeiner und von der zuständigen Aufsichtsbehörde genehmigter Geschäftsbeziehungen verletzt wird.

Auf diese Weise wird die gleichmäßige Anwendung der in allen drei Fällen von den jeweiligen Aufsichtsbehörden geprüften und genehmigten Geschäftsbedingungen erreicht und jede Abweichung einzelner Vertragsverhältnisse von dem standardisierten Vertragstyp verhindert.[5] Mit einheitlichen Verträgen für alle wird die kollektive Form des Investmentsparens gewährleistet.

Voraussetzung für die Anwendung von § 23 Abs. 3 AGBG ist jedoch zusätzlich zu den in der Vorschrift selbst genannten Voraussetzungen das grundsätzliche Einverständnis des Anteilscheinerwerbers mit der Geltung allgemeiner Geschäftsbedingungen. Der teilweise vertretenen Ansicht, daß § 23 Abs. 3 AGBG den Konsens der Vertragspartner über die Einbeziehung allgemeiner Geschäftsbedingungen ersetze,[6] kann nicht gefolgt werden. Die Ausnahmeregelung des § 23 Abs. 3 bezieht sich lediglich auf § 2 Abs. 1 Ziff. 1 und 2 AGBG und nicht auch auf den weiteren Halbsatz, der das Erfordernis enthält, daß der Vertragspartner des Verwenders von allgemeinen Geschäftsbedingungen mit deren Geltung einverstanden sein muß. Mit der überwiegend vertretenen Meinung[7] ist davon auszugehen, daß der Wegfall dieses Erfordernisses in § 23 Abs. 3 geregelt sein müßte, wenn der Konsens der Vertragspartner in einem so wesentlichen Punkt ohne Bedeutung sein soll.

Ob die Voraussetzungen der §§ 145 ff. BGB für die Einbeziehung der Vertragsbedingungen in den zwischen der Kapitalanlagegesellschaft und den Anteilerwerber geschlossenen Vertrag erfüllt sind, ist eine anhand der Umstände des Einzelfalles zu entscheidende Tatfrage. Ist eine solche Einbeziehung im Wege der Auslegung des Vertrages nach § 157 BGB nicht festzustellen, so ist der Vertrag gemäß § 134 BGB nichtig.[8] Die Nichtigkeit ergibt

---

[4] Gesetz zur Regelung des Rechts der Allgemeinen Geschäftsbeziehungen vom 9. Dez. 1976 (BGBl. I, S. 3317).

[5] Ulmer/Brandner/Hensen, AGBG, § 23, Rz. 53.

[6] Loewe/Graf von Westphalen/Trinkner, § 23 ABs. 3 AGBG, Anm. 2.

[7] Staudinger/Schlosser, § 23 AGBG, Rz. 38. — Ulmer/Brandner/Hensen, AGBG, § 23, Rz. 53. — Baur, Das AGB-Gesetz und seine Auswirkungen auf das Recht der Allgemeinen Versicherungsbedingungen (AVB), BB 1978, 476 (477).

[8] So für Versicherungsverträge Bauer, a.a.O., S. 477; a.A. Staudinger/Schlosser, a.a.O., Rz. 38.

sich aus der Regelung des § 18 Abs. 2 S. 2 KAGG, die im Hinblick auf den kollektiven Charakter des Investmentgeschäftes zwingend vorschreibt, daß die Anteile an einem Sondervermögen keine verschiedenen Rechte haben dürfen.

2. Die Pflichten der Kapitalanlagegesellschaft gegenüber den Anteilinhabern

Aus § 10 Abs. 1 S. 1 KAGG, der bestimmt, daß die Kapitalanlagegesellschaft das Sondervermögen zu verwalten und die Interessen der Anteilinhaber zu wahren hat, erwächst letzteren nach allgemeiner Ansicht[9] ein Anspruch darauf, daß das in das Sondervermögen eingezahlte Geld auch in Wertpapieren oder Grundstücken angelegt wird. Die Kapitalanlagegesellschaft kann die Gelder nicht nach eigenem Gutdünken auf den bei der Depotbank geführten Sperrkonten stehen lassen, sondern sie hat eine Anlagepflicht. Bei der Erfüllung dieser Anlagepflicht hat die Kapitalanlagegesellschaft die in den §§ 8, 25b und 27 zum Schutz der Anteilinhaber aufgestellten Anlagegrundsätze und Anlagegrenzen zu beachten. In den Anlagegrundsätzen ist festgelegt, welche Art von Wertpapieren, stillen Beteiligungen oder Grundstücken für ein Sondervermögen erworben werden dürfen. Die Anlagegrenzen beschränken aus Gründen der Risikominimierung den Umfang, in welchem die Mittel des Sondervermögens in Wertpapieren eines Emittenten, in die Beteiligung an einem Unternehmen angelegt bzw. bei Grundstücks-Sondervermögen in ein bestimmtes Grundstück investiert werden dürfen.

Die Pflicht der Kapitalanlagegesellschaften, das bei ihnen eingelegte Geld auch tatsächlich in Wertpapieren, Beteiligungen oder Immobilien anzulegen, zieht als weitere Verpflichtung die Verwaltungspflicht nach sich. Die sich hieraus ergebenden Aufgaben können entsprechend den Umständen des Einzelfalles in Art und Umfang sehr unterschiedlich sein.

Bei Immobilienfonds erstreckt sich diese Verwaltungspflicht nicht nur auf den Einzug der Mieten, sondern auf eine optimale Betreuung jeder einzelnen Liegenschaft, und zwar sowohl in technischer als auch in kaufmännischer Hinsicht.

Bei Wertpapiersondervermögen ist die Verwaltung nicht so arbeitsintensiv, wenngleich auch hier eine Fülle von Einzeltätigkeiten in Zusammenhang mit der Einziehung von Dividenden und Zinsen oder bei der Kündi-

---

[9] Vgl. Schäcker, a.a.O., S. 100. — Baur, Investmentgesetze, S. 163. — G.H. Roth, Das Treuhandmodell des Investmentrechts, S. 154. — Reuter, Investmentfonds und die Rechtsstellung der Anteilinhaber, S. 139. — Poschadel, Rentabilität und Risiko als Kriterien für die Bewertung der Managementleistung deutscher Investmentgesellschaften, S. 13.

gung bzw. Verlosung von festverzinslichen Wertpapieren, bei der Kapitalherabsetzung oder -erhöhung sowie im Falle von Aktiensplits oder Abfindungsangeboten anfallen. Besonders hervorgehoben wird in § 10 Abs. 1 S. 2 die Pflicht zur Stimmrechtsausübung. Diese soll von der Kapitalanlagegesellschaft selbst wahrgenommen werden. Auf diese Weise sollen die Anteilinhaber vor einem ihren Interessen entgegenstehenden Gebrauch des Stimmrechts durch Dritte geschützt und ihre Interessen, die denen der Kleinaktionäre verwandt sind, besser zur Geltung gebracht werden.[10] Entsprechend diesem vom Gesetzgeber verfolgten Zweck darf die Kapitalanlagegesellschaft Dritten keine generelle Ermächtigung zur Ausübung des Stimmrechts erteilen (§ 10 Abs. 1 S. 3). Obwohl die Vorschrift nur von „ermächtigen" spricht, gilt § 10 Abs. 1 S. 3 auch für die Dauerbevollmächtigung,[11] da anderenfalls der Gesetzeszweck in Frage gestellt wäre.

Die Pflicht zur Anlage der in das Sondervermögen einfließenden Gelder findet ihre Begrenzung nicht nur in den Möglichkeiten, die der Kapitalmarkt bietet, sondern auch in der Verpflichtung, jederzeit für eine ausreichende Mindestliquidität zu sorgen. Das Rückgaberecht der Anteilinhaber macht es notwendig, diesem Gesichtspunkt einen gleich hohen Stellenwert einzuräumen, wie der Anschaffung neuer Vermögensgegenstände. Anderenfalls würde die Kapitalanlagegesellschaft ihre Pflicht zur Gleichbehandlung der Anteilinhaber verletzen. Der Gleichbehandlungsgrundsatz, der sich aus § 18 Abs. 2 S. 2 KAGG ableitet,[12] verpflichtet die Kapitalanlagegesellschaft, die Interessen der ausscheidenden Anteilinhaber genauso wahrzunehmen, wie die Interessen derjenigen, die am Sondervermögen beteiligt bleiben und ein Interesse daran haben, daß möglichst viel Geld in Wertpapieren, Beteiligungen oder Immobilien angelegt wird.

Zu erwähnen bleiben noch die Pflicht zur Gewinnausschüttung und zur Rechenschaftslegung, worüber § 25 KAGG Mindestanforderungen aufstellt. Die Rechenschaftslegung erfolgt in summarischer Form, indem die Gesamtaufwendungen und -erträge dargestellt und eine Aufstellung der am Berichtsstichtag zum Sondervermögen gehörenden Wertpapiere, Beteiligungen oder Grundstücke gezeigt wird.

Dadurch, daß die Wahrnehmung der Vermögensinteressen der Anteilinhaber von der Kapitalanlagegesellschaft selbständig durchgeführt wird,[13] sind die typischen Voraussetzungen eines Dienstvertrages gegeben, der eine

---

[10] von Dietel, Die Ausübung der Mitgliedschaftsrechte durch Kapitalanlagegesellschaften aus den Beteiligungen, die zu einem Sondervermögen gehören, S. 40/41.
[11] von Dietel, a.a.O., S. 39/40. — Canaris, Bankvertragsrecht, Rz. 2421. — Baur, Investmentgesetze, S. 167. a.A.: Siara/Tormann, Gesetz über Kapitalanlagegesellschaften, S. 43. — Schäcker, Entwicklung und System des Investmentsparens, S. 109.
[12] Vgl. Canaris, Bankvertragsrecht, Rz. 2430.
[13] Siehe hierzu den folgenden Abschnitt 3.

Geschäftsbesorgung zum Gegenstand hat (§ § 675, 611 ff. BGB).[14] Über diese Qualifizierung des Investmentvertrages besteht im Schrifttum Übereinstimmung.[15]

3. Das Fehlen jeglicher Kontroll- und Einwirkungsmöglichkeiten der Anteilinhaber

Jedes Handeln in fremdem Interesse unterliegt in aller Regel der Kontrolle und meist auch den Weisungen des Betroffenen.

Bei der kollektiven Form des Investmentsparens liegt es in der Natur der Sache, daß dem einzelnen Anteilinhaber keine Weisungsbefugnis hinsichtlich des allen gemeinsam zustehenden Sondervermögens zustehen kann.[16]

Aber auch Weisungen oder Kontrollen aller Anteilinhaber sieht das KAGG nicht vor. Hierzu hätte es bestimmter organisatorischer Vorkehrungen bedurft, wie etwa der Bildung eines Beirates. Da jedoch jede Zuweisung von Rechten an den Beirat eine entsprechende Schmälerung der Befugnisse und damit auch der Verantwortung der Organe der Kapitalanlagegesellschaft nach sich gezogen hätte, ist eine solche Maßnahme im Interesse der Erhaltung der Handlungs- und Entscheidungsfreudigkeit der Kapitalanlagegesellschaft unterblieben.[17] Angesichts der Tatsache, daß das Investmentsparen auf dem Prinzip aufbaut, breite Bevölkerungsschichten an börsennotierte Kapitalanlagen heranzuführen, war es sicher konsequent, die Anteilinhaber nicht in die Entscheidungsprozesse der Kapitalanlagegesellschaft einzubeziehen. Die Einrichtung eines Beirates hätte nur dann eine wirkliche Kontrolle der Kapitalanlagetätigkeit bedeutet, wenn fachkundige Wertpapierspezialisten zur Ausübung der Überwachungsfunktion berufen worden wären. Eine solche Lösung wäre jedoch mit der Gefahr verbunden gewesen, daß sich der Beirat als Nebengeschäftsführung verstanden hätte, was eine Erschwerung der Kapitalanlagetätigkeit und eine Aufweichung der Zuständigkeiten sowie der sich daraus ergebenden Verantwortlichkeit zur Folge gehabt hätte.

---

[14] Vgl. Soergel/Mühl, § 675 BGB, Rz. 1. — Staudinger/Wittmann, § 675 BGB, Rz. 6. — BGH, BB 1959, 134.

[15] Schäcker, Entwicklung und System des Investmentsparens, S. 56 ff. — Ebner von Eschenbach, Die Rechte des Anteilinhabers nach dem Gesetz über Kapitalanlagegesellschaften, S. 12 ff. — Reuter, Investmentfonds und die Rechtsstellung der Anteilinhaber, S. 109. — Baur, Investmentgesetze, S. 202. — Canaris, Bankvertragsrecht, Rz. 2358.

[16] Siehe hierzu Canaris, Bankvertragsrecht, Rz. 2431.

[17] Vgl. Dürre, Investmentsparen und Investmentgesellschaften, in: Die Sparkasse 1956, S. 219 (222). — Reuter, Investmentfonds und die Rechtsstellung der Anteilinhaber, S. 166.

B. Die Kapitalanlagegesellschaft

Aus diesem Grunde ist es sachgerecht, daß der Gesetzgeber nicht versucht hat, die Kluft zwischen der mit allem know-how versehenen Kapitalanlagegesellschaft auf der einen Seite und den in Börsgengeschäften unerfahrenen Anteilinhabern auf der anderen Seite durch die Einbeziehung von Anteilinhabervertretern in das Tagesgeschäft abzubauen.

Der statt dessen beschrittene Weg, die Kapitalanlagegesellschaften der Aufsicht des Bundesaufsichtsamtes für das Kreditwesen zu unterstellen und darüber hinaus die Institution der Depotbank zu schaffen und mit umfassenden Kontroll- und Schutzpflichten zu versehen,[18] wird durch die Entwicklung, die das Investmentsparen mit einem Volumen von mittlerweile über 70 Mrd. DM erreicht hat,[19] als richtig bestätigt.

Um das Eigeninteresse der Kapitalanlagegesellschaft an einer möglichst profitablen Verwaltung des Sondervermögens zu wecken, sieht das KAGG vor, daß die Vergütung der Kapitalanlagegesellschaft aus dem Sondervermögen gezahlt wird (§ 12 Abs. 7 S. 1). Die im Anhang abgedruckten Mustervertragsbedingungen greifen die gesetzgeberische Zielsetzung auf und koppeln die Höhe der Vergütung an die jeweils am Ende einer Rechnungsperiode erreichte Entwicklung des Sondervermögens.[20] Diese Regelung gilt auch für die Vergütung der Depotbank (§ 12 Abs. 7 S. 2).

Auf diese Weise wird ein nicht zu unterschätzender Anreiz für eine erfolgreiche Kapitalanlagetätigkeit und eine kostengünstige Verwaltung gegeben.

Die Tatsache, daß den Anteilinhabern keinerlei Kontroll- und Weisungsrecht eingeräumt werden, ist also im Zusammenhang mit sämtlichen Vorkehrungen zu sehen, die das KAGG zum Schutz der Investmentsparer vorsieht.[21] Ihre Rechte werden in ähnlicher Weise wie die der Kunden von Banken, Versicherungen und Bausparkassen durch die Aufsichtsbehörde, durch Pflichtprüfungen, Pflichtveröffentlichungen[22] sowie zusätzlich durch die Einschaltung der Depotbank gewahrt.

---

[18] Siehe unten Abschnitt C I.

[19] Jahresbericht 1986 des Bundesverbandes Deutscher Investmentgesellschaften e.V., Frankfurt/M., S. 13.

[20] Siehe hierzu § 9 Abs. 1 und 2 der Mustervertragsbedingungen für Wertpapier-Sondervermögen. Wie eigene Erhebungen ergeben haben, sehen die Besonderen Vertragsbedingungen der Grundstücks-Sondervermögen, auf die § 11 Abs. 1 und 2 der Mustervertragsbedingungen für Grundstücks-Sondervermögen Bezug nimmt, die gleichen Regelungen vor, die für Wertpapier-Sondervermögen gelten.

[21] von Caemmerer, Kapitalanlage- oder Investmentgesellschaften, JZ 1958, 41 (44).

[22] Vgl. hierzu Tormann, Das neue Gesetz über Kapitalanlagegesellschaften, in: Das Wertpapier, 1957, 142 (145).

III. Die Stellung der Kapitalanlagegesellschaft im Rechtsverkehr

Bei Geschäften für das Sondervermögen hat die Kapitalanlagegesellschaft stets im eigenen Namen zu handeln. Für Verfügungen über die Gegenstände des Sondervermögens wird dies durch § 9 Abs. 1 S. 1 ausdrücklich bestimmt. Aufgrund dieser Regelung und der Tatsache, daß es nach der Legaldefinition des § 1 Abs. 1 zu den Wesensmerkmalen einer Kapitalanlagegesellschaft gehört, das Geld der Anteilinhaber im eigenen Namen anzulegen, wird allgemein die Ansicht vertreten, daß die Kapitalanlagegesellschaft auch bei Erwerbsgeschäften für das Sondervermögen im eigenen Namen tätig zu werden hat.[1]

Die Meinungen gehen allerdings darüber auseinander, ob die Kapitalanlagegesellschaft bei den Erwerbsgeschäften aufgrund einer Ermächtigung[2] oder als mittelbarer Stellvertreter[3] im eigenen Namen handelt.

Im Hinblick darauf, daß der Theorienstreit wegen des Rechts der Kapitalanlagegesellschaft, im eigenen Namen zu handeln, über die Einordnung einer Befugnis geführt wird, die sich auf die Verwaltung von Gegenständen bezieht, die ein Sondervermögen bilden und über die die Eigentümer nicht selbst verfügen können (§ 18 Abs. 3 S. 3), erhebt sich die Frage, inwieweit bei der Beurteilung der Rechtsstellung der Kapitalanlagegesellschaft die Stellung der Verwalter anderer Sondervermögen, beispielsweise die des Testamentsvollstreckers, zu berücksichtigen ist.

1. Ist die Stellung der Kapitalanlagegesellschaft mit der Rechtsstellung der Verwalter anderer Sondervermögen vergleichbar?

Auch für die Rechtsstellung des Testamentvollstreckers, aber ebenso für die des Nachlaßverwalters und Konkursverwalters ist es kennzeichnend,

---

[1] Vgl. Baur, a.a.O., S. 163. — Schäcker, a.a.O., S. 111. — Roth, Das Treuhandmodell des Investmentrechts, S. 131.

[2] Vgl. von Pannwitz, a.a.O., S. 23 ff. — Graulich, Die Rechtsverhältnisse der Sondervermögen (Investmentfonds) nach dem Gesetz über Kapitalanlagegesellschaften im Vergleich zu den Rechtsverhältnissen anderer Sondervermögen des Privatrechts, S. 24. — Ebner von Eschenbach, Die Rechte der Anteilinhaber nach dem Gesetz über Kapitalanlagegesellschaften, S. 60. — Wendt, Treuhandverhältnisse nach dem Gesetz über Kapitalanlagegesellschaften, S. 117. — Canaris, Bankvertragsrecht, Rz. 2409. — Dürre, Investmentsparen und Investmentgesellschaften, in: Sparkasse, 1956, 219 (220).

[3] So Baur, Investmentgesetze, S. 163. — Steder, in: Investment-Handbuch 425, § 9, Rz. 2. — Siara/Tormann, Gesetz über Kapitalanlagegesellschaften, S. 40. — Schäcker, System und Entwicklung des Investmentsparens, S. 111 ff. — Reuter, Investmentfonds und die Rechtsstellung der Anteilinhaber, S. 106. — Gericke, Rechtsfragen zum Investmentsparen, DB 1959, 1276.

B. Die Kapitalanlagegesellschaft 49

daß mit der Anordnung der Testamentsvollstreckung oder Nachlaßverwaltung bzw. mit der Konkurseröffnung das Verwaltungs- und Verfügungsrecht über das betreffende Sondervermögen dem Eigentümer entzogen (§§ 1984 Abs. 1 S. 1, 2211 Abs. 1 BGB, § 6 Abs. 1 KO) und statt dessen der jeweilige Amtswalter legitimiert wird, das Sondervermögen zu verwalten und darüber zu verfügen (§§ 1985 Abs. 1, 2205 S.1 und 2 BGB, § 6 Abs. 2 KO). Außerdem ist in den Fällen, in denen sich eine Testamentsvollstreckung darauf bezieht, über einen längeren Zeitraum einen größeren Wertpapierbestand, umfassendes Immobilienvermögen oder Gesellschaftsanteile bzw. ganze Unternehmen zu verwalten, eine Situation gegeben, die der Verwaltung des aus Wertpapieren, Beteiligungen oder Grundstücken bestehenden Investment-Sondervermögens nicht unähnlich ist.

Bei dieser Gegenüberstellung darf jedoch ungeachtet aller Parallelen der Zweck nicht übersehen werden, der auf der einen Seite mit der Einsetzung der Amtswalter und auf der anderen Seite mit den Vorschriften über das Verfügungsrecht der Kapitalanlagegesellschaft verfolgt wird.

Die Funktion, die der Gesetzgeber den Amtswaltern zuweist, wird dadurch charakterisiert, daß sie unterschiedliche, ja zum Teil sogar kollidierende Interessen zum Ausgleich bringen sollen.[4]

Am deutlichsten zeigt dies die Aufgabenstellung des Konkursverwalters, der bei der Verteilung der zur Befriedigung aller Ansprüche nicht ausreichenden Konkursmasse gemäß § 82 KO allen am Konkurs Beteiligten gleichermaßen verantwortlich ist. Aber auch die Aufgabe des Testamentvollstreckers besteht darin, widerstreitende Interessen zu befriedigen, da er nach den §§ 2203, 2204 BGB die Auseinandersetzung unter den Erben zu bewirken und hierbei, falls erforderlich auch gegen den Willen der Erben, die letztwilligen Verfügungen des Erblassers zur Ausführung zu bringen hat.[5]

Diese Besonderheit der Aufgabenstellung führt dazu, daß die Amtswalter im Rahmen der Verwaltung des Sondervermögens, sofern sie Ansprüche gegen Dritte geltend machen, für den Vermögensinhaber handeln. Soweit sie jedoch Ansprüche, die zum Sondervermögen gehören, gegenüber dem Vermögensinhaber durchzusetzen haben, treten die Amtswalter diesem sowohl im Prozeß als auch bei Rechtsgeschäften in einer Position gegenüber, deren rechtliche Einordnung zu dem Meinungsstreit zwischen der Amts- und der Vertretertheorie geführt hat.[6] Die in diesem Theorienstreit immer

---
[4] Vgl. von Spreckelsen, Der Begriff des privatrechtlichen Amtes unter besonderer Berücksichtigung der Testamentsvollstreckung, S. 36. — Lent, Zur Lehre von der Partei kraft Amtes, Zeitschrift für Deutschen Zivilprozeß, Bd. 62, 1941, S. 129 (198).
[5] Vgl. Dölle, Neutrales Handeln im Privatrecht, Festschrift für F. Schulze (1951), 2. Band, S. 268 (273 ff.).
[6] Vgl. hierzu Henckel, Parteilehre und Prozeßgegenstand im Zivilprozeß, S. 118 ff. — Stein/Jonas, vor § 50 ZPO, Anm. 3a.

wieder diskutierte Frge, ob zwischen dem Vermögensinhaber und dem Verwalter ein Vertretungsverhältnis oder vielmehr eine Parteistellung des Verwalters kraft Amtes gegeben ist, spielt für die Beziehungen der Kapitalanlagegesellschaft zu den Anteilinhabern keine Rolle, weil die Interessenlage aller Beteiligten und damit auch die Stellung der Kapitalanlagegesellschaft als Verwalter des Investment-Sondervermögens eine andere ist.

Das Interesse des einzelnen Anteilinhabers richtet sich nicht gegen die übrigen Anteilinhaber und auch nicht gegen die Kapitalanlagegesellschaft als Verwalter. Ausgehend von dem Grundprinzip des Investmentsparens, durch eine möglichst große Zahl von Beteiligten die Erfolgsaussichten für alle zu verbessern, wird der Anspruch, den der einzelne Anteilinhaber am Sondervermögen hat, nicht durch die Auseinandersetzung über die Verteilung einer Vermögensmasse bestimmt, die — wie etwa die Konkursmasse — zur Erfüllung aller Ansprüche zu gering ist oder im Falle der Aufteilung der Erbmasse zur Schmälerung des Anteils des einzelnen Berechtigten führt.

Aufgrund des open-end-Prinzips[7] wird durch die Rücknahme von Anteilscheinen und die Auszahlung ihres Gegenwertes zwar das Sondervermögen um den ausgezahlten Betrag geschmälert, aber der Wert der Anteile der verbleibenden Anteilinhaber rechnerisch nicht verändert.[8]

Die verbleibenden Anteile beziehen sich infolge der Auszahlung zwar auf ein geringeres Vermögen, aber sie repräsentieren wegen des Abganges der zurückgegebenen Stücke einen höheren prozentualen Anteil daran. Für den einzelnen Anleger bleibt es deshalb gleich, ob er an einem größeren Vermögen mit einem geringeren Bruchteil beteiligt ist, oder ob sich sein Anteilschein auf einen höheren Anteil an einem kleineren Vermögen bezieht.[9] Aus diesem Grunde richtet sich das der Kapitalanlagegesellschaft eingeräumte Recht, im eigenen Namen Rechtsgeschäfte abzuschließen und über die Gegenstände des Sondervermögens zu verfügen, auch nicht gegen die Anteilinhaber, was sich besonders deutlich an der Vorschrift des § 11 Abs. 2 KAGG zeigt, die den Anspruch der Anteilinhaber auf Rückgabe ihrer Anteile, d. h. das Recht zur Verfügung über den Gesamtanteil an allen Vermögensgegenständen ausdrücklich bestätigt.

Für die rechtliche Einordnung der Stellung der Kapitalanlagegesellschaft im Geschäftsverkehr lassen sich somit aus der Rechtsstellung der Amtswalter keine Anhaltspunkte ableiten.[10] Die Frage, ob die Kapitalanlagegesell-

---

[7] Siehe oben Teil 1, Abschnitt II.

[8] Siehe Barocka, Investment-Sparen und Investment-Gesellschaften, S. 15 ff., mit einer sehr anschaulichen Darstellung anhand von Rechenbeispielen.

[9] Vgl. Steder, in: Investment-Handbuch 425, § 21, Rz. 4. — Schulze-Osterloh, Das Prinzip der gesamthänderischen Bindung, S. 146, der das open-end-Prinzip unter dem Gesichtspunkt der Anwachsung erörtert.

[10] Zu dem gleichen Ergebnis kommt, mit allerdings abweichender Begründung, Graulich, a.a.O., S. 22 ff. (27).

schaft bei der Verwaltung des Sondervermögens im Rahmen einer Ermächtigung oder als mittelbarer Stellvertreter handelt, ist deshalb allein anhand der Ausgestaltung des Rechtsverhältnisses mit den Anteilinhabern zu entscheiden.

2. Die treuhänderische Ermächtigung der Kapitalanlagegesellschaft

Die Befürworter der mittelbaren Stellvertretung werden bei ihrer Beurteilung der Rechtsstellung der Kapitalanlagegesellschaft von der Tatsache beeinflußt, daß die Verwaltung des Sondervermögens und damit auch jeder An- und Verkauf von Wertpapieren im Interesse der Anteilinhaber zu erfolgen hat (§ 10 Abs. 1 S. 1), woraus sie wegen der Parallele zum Kommissionsgeschäft (§§ 383 ff. HGB) auf das Handeln in mittelbarer Stellvertretung schließen.[11]

Der Gesetzgeber hat die mittelbare Stellvertretung nicht als Rechtsinstitut, sondern nur in den Anwendungsfällen des Kommissions- und Speditionsgeschäfts (§§ 383 ff. und 407 ff. HGB) geregelt.[12/13]

Von der unmittelbaren Stellvertretung unterscheidet sich die mittelbare Stellvertretung dadurch, daß das Handeln für den Vertretenen nicht offengelegt wird. Wegen der fehlenden Erkennbarkeit des fremdbezogenen Handelns fällt die mittelbare Stellvertretung nicht unter die §§ 164 ff. BGB, für die das Offenheitsprinzip maßgebend ist.[14] Als Ausnahme werden von der herrschenden Meinung nur die Bargeschäfte des täglichen Lebens anerkannt, da in diesen Fällen des sofortigen Austausches von Leistung und Gegenleistung

---

[11] Vgl. Steder, in: Investment-Handbuch 425, § 9, Rz. 2. — Siara/Tormann, Gesetz über Kapitalanlagegesellschaften, S. 40. — Schäcker, System und Entwicklung des Investmentsparens, S. 111, sowie die oben in Fußnote 3 angegebenen Autoren.

[12] Vgl. Soergel/Schultze = von Lasaulx vor § 164 BGB, Rz. 44. — Staudinger/Dilcher vor § 164 BGB, Rz. 42.

[13] Die unmittelbare Anwendung der §§ 383 ff. HGB auf die Wertpapierkäufe, die die Kapitalanlagegesellschaft für das Sondervermögen vornimt, scheidet aus, weil den Anteilinhabern die Geschäftsherreneigenschaft fehlt, die für die Annahme eines Kommissionsgeschäftes notwendige Voraussetzung ist. Da die Anteilinhaber von jeder Weisungs- oder Einflußmöglichkeit gegenüber der Kapitalanlagegesellschaft ausgeschlossen sind, fehlt ihnen die erforderliche Weisungsbefugnis (§ 394 Abs. 2 HGB). Beides ist nach übereinstimmender Ansicht von Rechtsprechung (BGHZ 1, 75 (79/80); OLG München, BB 1955, 682; OLG Hamburg, BB 1957, 911) und Kommentarliteratur (Schlegelberger/Hefermehl, § 383 HGB, Rz. 25; Baumbach/Duden/Hopt, § 383 HGB, Anm. 1 c) Voraussetzung für das Vorliegen eines Kommissionsgeschäftes. Die Wertpapierkäufe der Kapitalanlagegesellschaft sind Bestandteil ihrer in Form der Verwaltung des Sondervermögens durchzuführenden Daueraufgbe (vgl. hierzu Schäcker, a.a.O., S. 112 ff.).

[14] Vgl. Hadding, Stud. K. BGB, § 164 Anm. 2. — Flume, Allgemeiner Teil des Bürgerlichen Rechts, 2. Band, § 44 I.

der Vertrag für den abgeschlossen gilt, den es angeht, ohne daß es auf die Person des indirekt Vertretenen ankommt.[15]

Der mittelbare Vertreter handelt folglich nicht als rechtsgeschäftlicher Vertreter im Sinne der §§ 164 ff. BGB, aber sein Handeln ist deshalb dennoch fremdbezogen und auf den nicht in Erscheinung tretenden Geschäftsherrn ausgerichtet.

Der Begriffsbestimmung der mittelbaren Stellvertretung entspricht zwar die Stellung, die die Kapitalanlagegesellschaft einnimmt, aber diese Übereinstimmung hat nicht zwangsläufig zur Folge, daß die Kapitalanlagegesellschaft deswegen bereits als mittelbarer Stellvertreter anzusehen ist.

Auch der Ermächtigte handelt im eigenen Namen, und wenn ihm die Ermächtigung treuhänderisch erteilt wird, so handelt er auch in fremdem Interesse.

Die Lehre von der Ermächtigung ist aus der Vorschrift des § 185 Abs. 1 BGB entwickelt worden.[16] Danach wird dem Ermächtigten in der gleichen Weise, in der nach § 185 Abs. 1 BGB der Inhaber eines Rechts den Verfügungen eines Nichtberechtigten durch vorherige Einwilligung rechtliche Wirksamkeit verleiht, durch die Ermächtigung die Befugnis eingeräumt, im eigenen Namen ein Recht des Ermächtigenden mit Wirkung für und gegen denselben auszuüben und gegebenenfalls darüber zu verfügen.[17]

Die Ausübung dieser Befugnis, im eigenen Namen zu handeln kann sowohl im eigenen als auch im fremden Interesse erfolgen.[18] Maßgebend sind die der Ermächtigung zugrundeliegenden Regelungen.[19] Sehen diese vor, daß der Ermächtigte im Interesse des Ermächtigenden handelt, so ist entsprechend der oben (Teil 2 A I 2) zitierten Treuhanddefinition der Fall eines Treuhandverhältnisses, und zwar in Form einer Ermächtigungstreuhand, gegeben.[20/21]

---

[15] Soergel/Schultze = von Lasaulx, vor § 164 BGB, Rz. 29/30. — BGHZ, NJW 1955, 587 (590); RGZ 140, 223 (229).

[16] Enneccerus/Nipperdey, Allgemeiner Teil des Bürgerlichen Rechts, Band 1, 2. Halbband, § 204, Anm. 13a. — Staudinger/Dilcher, Vorbem. zu § 164 BGB, Rz. 62.

[17] Vgl. Ludewig, Die Ermächtigung nach Bürgerlichem Recht, S. 2. — Doris, Die rechtsgeschäftliche Ermächtigung bei Vornahme von Verfügungs-, Verpflichtungs- und Erwerbsgeschäften, S. 18 ff. — Haddin, Stud. K. BGB vor § 164, Anm. II 2.

[18] Ludewig, a.a.O., S. 44.

[19] Doris, a.a.O., S. 33.

[20] Siebert, Das rechtsgeschäftliche Treuhandverhältnis, S. 294 ff. — Doris, a.a.O., S. 34.

[21] Von einer treuhänderischen Ermächtigung gehen im Falle von § 9 Abs. 1 S. 1 zutreffend Wendt, a.a.O., S. 135, von Pannwitz, a.a.O., S. 147, Ebner von Eschenbach, a.a.O., S. 20, und offensichtlich auch Dürre, a.a.O., S. 220, aus.

B. Die Kapitalanlagegesellschaft 53

Als Zwischenergebnis kann deshalb festgestellt werden, daß sowohl ein Fall von mittelbarer Stellvertretung als auch eine Ermächtigungstreuhand vorliegen kann.

Entgegen der Meinung von Siara/Tormann[22] und Steder[23] ergeben sich auch aus den Surogationsvorschriften des § 6 Abs. 2 keine Anhaltspunkte für das eine oder andere Rechtsinstitut.

Aufgrund der Tatsache, daß nach § 6 Abs. 2 alles zum Sondervermögen gehört, was die Kapitalanlagegesellschaft durch ein Rechtsgeschäft erwirbt, das sich auf das Sondervermögen bezieht, werden zwar die für die mittelbare Stellvertretung typischen Rechtswirkungen, daß aus allen Rechtsgeschäften zunächst nur der mittelbare Stellvertreter berechtigt wird,[24] abgeändert, aber daraus kann entgegen der Meinung von Siara/Tormann und Steder nicht auf eine beabsichtigte Änderung gerade dieser Rechtsfolgen der mittelbaren Stellvertretung der Kapitalanlagegesellschaft geschlossen werden. Wie oben im einzelnen ausgeührt wurde,[25] bewirkt § 6 Abs. 2 auch bei der Treuhandlösung, daß die Treugeberstellung der Anteilinhaber bei allen Rechtsgeschäften, die die Kapitalanlagegesellschaft als Treuhänder mit Dritten abschließt, ganz erheblich verbessert wird. Aus diesem Grunde lassen sich aus § 6 Abs. 2 keine Argumente für die Entscheidung der Frage herleiten, welche Art von Rechtsmacht der Kapitalanlagegesellschaft nach § 9 Abs. 1 S. 1 erteilt wird.

Ein Ansatzpunkt für die Entscheidung dieser Frage ergibt sich aufgrund der unterschiedlichen Stellung des Ermächtigten und des mittelbaren Stellvertreters im Prozeß. Hier wirkt sich der Umstand, daß der Vertreter immer nur die Stellung eines Mittlers einnimmt, während der Ermächtigte Träger eigener Rechte ist, entscheidend bei der Frage nach der Parteirolle aus.[26] Bei Rechtsstreitigkeiten um Gegenstände des Sondervermögens ergeben sich wegen der Prozeßführungsbefugnis der Kapitalanlagegesellschaft keine Probleme, wenn man davon ausgeht, daß sie das Sondervermögen aufgrund einer Ermächtigung verwaltet. Der Ermächtigte kann die ihm übertragenen Rechte im Prozeß im eigenen Namen geltend machen.[27] Die Ermächtigung vermittelt nicht nur die materiellrechtliche Verfügungsmacht, sondern auch die Prozeßführungsbefugnis.[28] Der Ermächtigte macht die ihm übertragenen

---

[22] Kommentar zum Gesetz über Kapitalanlagegessellschaften, S. 40.
[23] in: Investment-Handbuch 425, § 9, Rz. 2.
[24] Vgl. Staudinger/Dilcher, Vorbem. zu § 164 BGB, Rz. 43. — Enneccerus/Nipperdey, Allgemeiner Teil des Bürgerlichen Rechts, Band 1, 2. Halbband, § 179, Anm. III 2. — RGZ 84, 214 (216).
[25] Siehe oben Teil 2, Abschnitt A II 2.
[26] Vgl. Doris, a.a.O., S. 30.
[27] Stein-Jonas, vor § 50 ZPO, Anm. II 7. — Baumbach/Lauterbach/Albers/Hartmann, § 50 ZPO, Anm. 4 B. — BGHZ, NJW 1957, 1838 (1839); RGZ 73, 306 (309).

Rechte im Prozeß als eigene Rechte und damit als Partei geltend. Demgegenüber kann ein Vertreter niemals Partei sein, weil er nicht selbst Träger des streitbefangenen Rechts ist.[29]

Wenn deshalb der Kapitalanlagegesellschaft tatsächlich die Stellung eines mittelbaren Stellvertreters zugewiesen werden sollte, dann könnte sie die Rechte der Miteigentümergemeinschaft der Anteilinhaber im eigenen Namen im Prozeß nur im Rahmen einer gewillkürten Prozeßstandschaft geltend machen.[30] Dies würde eine entsprechende Ermächtigung durch die Rechtsinhaber voraussetzen,[31] die jedoch nach der Systematik des KAGG aus rechtstatsächlichen Gründen nicht möglich ist.

Die Anteilinhaber bilden mangels jeglicher Organisation[32] eine aus einer Vielzahl von Beteiligten bestehende Rechtsgemeinschaft, von der wegen der Möglichkeit des Erwerbs mehrerer Anteilscheine weder die Zahl der Miteigentümer noch die Personen der Berechtigten bekannt sind. Die Kapitalanlagegesellschaft ist lediglich in der Lage, Angaben darüber zu machen, wieviele Anteilscheine ausgegeben wurden. Es ist ihr jedoch nicht möglich, die notwendige rechtsgeschäftliche Vereinbarung mit den Anteilinhabern über eine gewillkürte Prozeßstandschaft herbeizuführen.

Da die Prozeßführungsbefugnis der Kapitalanlagegesellschaft im Falle der Treuhandlösung völlig unproblematisch ist, ist davon auszugehen, daß der Gesetzgeber in den Fällen der Miteigentumslösung die gleiche prozeßrechtliche Lage herbeiführen wollte, so daß von einer gesetzlichen Ermächtigung der Kapitalanlagegesellschaft auszugehen ist.

Die am Beispiel der Erörterung der Prozeßführungsbefugnis in besonderer Weise deutlich gewordene Eigenart des von persönlichen Beziehungen gänzlich losgelösten Rechtsverhältnisses der Kapitalanlagegesellschaft zu den Anteilinhabern ist ein weiterer Anhaltspunkt dafür, daß die Kapitalanlagegesellschaft nicht im Sinne eines Stellvertreters tätig wird. Ihre Befugnisse sind den Besonderheiten der Massendienstleistung des Investmentsparens angepaßt und im Sinne der Ausführungen von Dölle[33] über „Neutrales Handeln im Privatrecht" ausschließlich sachbezogen. Die Sachbezogenheit ist für die Ermächtigung charakteristisch.[34]

---

[28] Rosenberg/Schwab, Zivilprozeßrecht, § 46 III 1.

[29] Baumbach/Lauterbach/Albers/Hartmann, § 50 ZPO, Anm. 2 B. — Stein-Jonas, vor § 50 ZPO, Anm. II 2.

[30] Vgl. von Pannwitz, Verfügungsmacht und Verfügungsbeschränkung der Kapitalanlagegesellschaft nach § 8 Abs. I und II KAAG, S. 21, Fußn. 2. — Baur, Investmentgesetze, S. 153.

[31] Vgl. Zöller/Vollkommer, vor § 50 ZPO, Rz. 32. — BGH, NJW 1981, 2640.

[32] Siehe oben Abschnitt B II 3.

[33] Dölle, Neutrales Handeln im Privatrecht, S. 268 (272).

[34] Flume, Allgemeiner Teil des Bürgerlichen Rechts, 2. Band, § 57 I b. — Staudinger/Dilcher, Vorbem. zu § 164, Rz. 64.

Für die Annahme, daß der Kapitalanlagegesellschaft eine Ermächtigung erteilt wird, spricht schließlich auch noch die Tatsache, daß es sich um eine Ermächtigung zum Handeln im fremden Interesse (§ 10 Abs. 1 S. 1) und damit also um eine Treuhandermächtigung handelt. Das wiederum bedeutet, daß sowohl bei der Miteigentumslösung als auch bei der Treuhandlösung der Verfügungsmacht der Kapitalanlagegesellschaft im Innenverhältnis jeweils ein Treuhandverhältnis zugrundeliegt. Auch die Übereinstimmung in bezug auf das Innenverhältnis ist ein Argument für die Annahme der Ermächtigung, da der Gesetzgeber die Miteigentumslösung und die Treuhandlösung, wie die Vorschrift des § 6 Abs. 1 S. 2 zeigt, als im Ergebnis gleich und deshalb beliebig anwendbare Regelungen ansieht.[35]

Zusammenfassend kann somit festgestellt werden, daß nach der Systematik des KAGG alles für eine Ermächtigung spricht. Diese Feststellung muß im Hinblick darauf, daß sich die Ermächtigung nicht alleine auf Verfügungen, sondern auch auf Erwerbs- und Verpflichtungsgeschäfte bezieht, nicht eingeschränkt werden.

Der im Zusammenhang mit rechtsgeschäftlich erteilten Ermächtigungen vielfach diskutierten Frage, ob Erwerbs- und Verpflichtungsermächtigungen mit dem Offenheitsgrundsatz des § 164 Abs. 2 BGB vereinbar sind,[36] hat der Gesetzgeber mit den Vorschriften über den Surrogationserwerb (§ 6 Abs. 2 KAGG) und über das in § 10 Abs. 2 KAGG ausgesprochene Verbot, im Namen der Anteilinhaber Verbindlichkeiten einzugehen, in Form von Sonderregelungen Rechnung getragen.[37] Somit ergeben sich auch von dieser Seite keine Bedenken gegen die Annahme, daß die Kapitalanlagegesellschaft bei der Verwaltung des Sondervermögens aufgrund einer Ermächtigung handelt.

IV. Die Begrenzung der Verfügungsmacht

Die Ermächtigung wird jedoch der Kapitalanlagegesellschaft nicht unbeschränkt, sondern „nach Maßgabe des Gesetzes und der Vertragsbedingungen" erteilt.

Nach vorherrschender Ansicht kommt dieser generalklauselartigen Einschränkung keine dingliche Wirkung zu.[38] Die in den Vertragsbedingungen

---

[35] Vgl. von Caemmerer, Kapitalanlage- oder Investmentgesellschaften, JZ 1958, 41 (46). — Steder, in: Investment-Handbuch 425, § 6, Rz. 4. — Canaris, Bankvertragsrecht, Rz. 2394.

[36] Hierzu: Enneccerus/Nipperdey, Allgemeiner Teil des Bürgerlichen Rechts, Band 1, 2. Halbband, § 204, I 3 b. — Staudinger/Dilcher, Vorbem. zu § 164 BGB, Rz. 69/70.

[37] Baur, Investmentgesetze, S. 153/154.

enthaltenen Beschränkungen berühren die Verfügungsmacht der Kapitalanlagegesellschaft nicht, sondern entfalten nur schuldrechtliche Wirkung.[39]

Überzeugende Gründe für die Ansicht, daß die Verfügungsmacht der Kapitalanlagegesellschaft teils mit dinglicher und teils mit schuldrechtlicher Wirkung eingeschränkt wird, liefert das KAGG selbst, indem es bei den gesetzlichen Beschränkungen der Verfügungsmacht zwischen solchen mit absoluter Wirkung und anderen mit relativer Wirkung unterscheidet.[40]

Zu den mit absoluter Wirkung ausgestatteten gesetzlichen Einschränkungen zählen § 8 Abs. 6, der den Erwerb von Anteilscheinen eines anderen Sondervermögens untersagt, § 9 Abs. 4, der die Aufrechenbarkeit von Forderungen der Kapitalanlagegesellschaft mit Forderungen, die zu einem Sondervermögen gehören, ausschließt[41] und § 5, der bestimmt, daß Mitglieder der Geschäftsleitung oder des Aufsichtsrates der Kapitalanlagegesellschaft Gegenstände des Sondervermögens weder kaufen noch an diese verkaufen können.[42] Der in allen drei Vorschriften enthaltene Begriff „können nicht" wird zutreffend als gesetzliches Verbot (§ 134 BGB) mit der Folge der Unwirksamkeit des obligatorischen und dinglichen Geschäfts angesehen.[43]

Nur mit relativer Wirkung hat der Gesetzgeber die den eigentlichen Kernpunkt des Investmentsparens bildenden Vorschriften über die Auswahl der Kapitalanlagen ausgestattet. Für Wertpapier-Sondervermögen bestimmt § 8 Abs. 7, daß „die Rechtswirksamkeit des Erwerbs" von Wertpapieren durch einen Verstoß gegen die Anlagevorschriften des § 8 Abs. 1-5 nicht berührt wird. Die entsprechenden Regelungen für Beteiligungs-Sondervermögen (§ 25i) sowie für Grundstücks-Sondervermögen (§ 27 Abs. 5) bestimmen, daß die Nichtbeachtung der Anlagegrundsätze „die Wirksamkeit des Rechtsgeschäftes" nicht berühren.

---

[38] Vgl. Canaris, Bankvertragsrecht, Rz. 2409. — Wendt, Treuhandverhältnisse nach dem Gesetz über Kapitalanlagegesellschaften, S. 124. — Ebner von Eschenbach, Die Rechte des Anteilinhabers nach dem Gesetz über Kapitalanlagegesellschaften, S. 60. a.A.: von Caemmerer, Kapitalanlage- oder Investmentgesellschaften, JZ 1958, S. 41 (45), der offensichtlich die relative Unwirksamkeit annimmt (S. 47).

[39] Vgl. von Pannwitz, Verfügungsmacht und Verfügungsbeschränkung der Kapitalanlagegesellschaft nach § 8 Abs. I und II KAGG, S. 61.

[40] Vgl. G.H. Roth, Das Treuhandmodell des Investmentrechts, S. 135.

[41] Vgl. Baur, Investmentgesetze, S. 154 und 160. — Schäcker, Entwicklung und System des Investmentsparens, S. 101. — Siara/Tormann, Gesetz über Kapitalanlagegesellschaften, S. 41.

[42] Vgl. Baum, Schutz und Sicherung des Investmentsparers bei Kapitalanlagegesellschaften und Investmenttrusts, S. 156.

[43] Vgl. G.H. Roth, a.a.O., S. 135. — Wendt, a.a.O., S. 124/125. — Baur, Investmentgesetze, S. 118.

Bereits vor der Einbeziehung der Immobilien-Sondervermögen sowie der Beteiligungs-Sondervermögen in das KAGG wurde § 8 Abs. 7 dahingehend interpretiert, daß unter den Begfriff „Rechtswirksamkeit des Erwerbs" nicht nur das dingliche, sondern auch das obligatorische Geschäft fällt.[44]

Die Tatsache, daß der Gesetzgeber in den später eingefügten Vorschriften der §§ 25b Abs. 6 und 27 Abs. 5 den Begriff „Erwerb" durch „Rechtsgeschäfts" ersetzt, zeigt, daß mit dem Begriff „Erwerb" entgegen der Ansicht von Baur[45] keine bestimmte Aussage in bezug auf den obligatorischen oder dinglichen Teil des Geschäfts verbunden ist.

Das an die Adresse der Kapitalanlagegesellschaft gerichtete „darf nicht", welches durchgängig den Inhalt aller Vorschriften bestimmt, die die Auswahl und den Preis beim Kauf und Verkauf von Wertpapieren, Beteiligungen und Immobilien zum Gegenstand haben, ist als Konkretisierung der in § 10 Abs. 1 S. 1 sehr allgemein formulierten Sorgfaltspflicht der Kapitalanlagegesellschaft anzusehen. Der Schutzzweck der Anlagevorschriften besteht nicht darin, vorschriftswidrige Geschäfte unwirksam zu machen und die Rückabwicklung dieser Rechtsgeschäfte zu ermöglichen.[46]

Der Schutz der Anteilinhaber wird vielmehr dadurch erreicht, daß die Kapitalanlagegesellschaft an konkrete Richtlinien gebunden wird, die es der Depotbank und der Bankenaufsicht ermöglichen, eine wirksame Kontrolle über die geschäftlichen Aktivitäten der Kapitalanlagegesellschaft auszuüben. Das Instrumentarium, welches der Bankaufsichtsbehörde durch die Rechnungslegungsvorschriften des § 25 ABs. 1-3 zusätzlich zu den weitreichenden Informationsmöglichkeiten gemäß § 44 KWG an die Hand gegeben wird, ist sehr umfassend und deshalb auch als eine Überspannung der Publikationspflichten der Kapitalanlagegesellschaften bezeichnet worden.[47]

Ein Verstoß gegen die Anlagevorschriften berührt somit weder den Bestand des obligatorischen noch den des dinglichen Teils des Rechtsgeschäfts. Er löst vielmehr die Schadensersatzpflicht der Kapitalanlagegesellschaft sowie bankaufsichtsrechtliche Maßnahmen gegenüber der Gesellschaft und ihren Organen aus. Geschäftsleitung und Aufsichtsrat sehen sich mit einem entsprechenden Vermerk, in dem nach § 25 Abs. 3 S. 2 im Rechenschafts-

---

[44] Vgl. Steder, in: Investment-Handbuch 425, § 8, Rz. 15. — Schäcker, a.a.O., S. 104. — G.H. Roth, a.a.O., S. 134. — Wendt, a.a.O., S. 125. — Siara/Tormann, a.a.O., S. 49. a.A.: Baur, Investmentgesetze, S. 150, sowie ohne nähere Begründung — Geßler, Das Recht der Investmentgesellschaften und ihrer Zertifikatsinhaber, in: Wertpapier-Mitteilungen, 1957, Sonderbeilage Nr. 4 zu Teil IV B Nr. 20 vom 18. Mai 1957, S. 10 (17).

[45] a.a.O., S. 150.

[46] Vgl. G.H. Roth, a.a.O., S. 134. — von Caemmerer, a.a.O., S. 47.

[47] Tormann, Das neue Gesetz über Kapitalanlage-Gesellschaften, in: Das Wertpapier 1957, 142 (145).

bericht zu veröffentlichenden Wirtschaftsprüfertestat konfrontiert, da sich die Jahresabschlußprüfung gemäß Satz 1 ausdrücklich auch auf die Frage der Beobachtung des KAGG und der Vertragsbedingungen zu erstrecken hat.

Die Verfügungsmacht der Kapitalanlagegesellschaft über das Sondervermögen wird also nur in einigen Sonderfällen mit absoluter Wirkung eingeschränkt.

C. Die Rechtsbeziehungen der Depotbank zur Kapitalanlagegesellschaft und zu den Anteilinhabern

I. Die Treuhand- und die Geschäftsbankkomponente der Depotbankfunktion

Die Verfügungsmacht, die das KAGG der Kapitalanlagegesellschaft über das Sondervermögen einräumt, ist trotz der Einschränkungen, die im Gesetz selbst sowie in den Vertragsbedingungen vorgesehen sind, noch so weitreichend, daß ihr das Sondervermögen angesichts der fehlenden Kontrollbefugnisse der Anteilinhaber und wegen der auf nachträgliche Kontrollen beschränkten Überwachungsmöglichkeiten, auf die das Bundesaufsichtsamt für das Kreditwesen als Bundesbehörde ohne Verwaltungsunterbau und damit ohne Präsens vor Ort in bezug auf das laufende Tagesgeschäft angewiesen ist, letztlich doch unkontrolliert anvertraut wäre, wenn nicht durch die Einschaltung der Depotbank ein weiteres Organ zum Schutz der Interessen der Anteilinhaber geschaffen worden wäre.

Entsprechend dieser Ausgangslage bezieht sich die Schutzfunktion der Depotbank vor allem auf die Sicherung der Interessen der Anteilinhaber bei der Abwicklung der laufenden Geschäftsvorfälle.[1] Um bei den täglich für das Sondervermögen durchzuführenden Wertpapierkäufen und -verkäufen Unregelmäßigkeiten entgegenzuwirken, trennt das KAGG den Besitz an den beweglichen Gegenständen des Sondervermögens von der Verfügungsmacht über dieselben, indem es in § 12 Abs. 1 S. 1 vorschreibt, daß die Verwahrung des Sondervermögens durch ein anderes Kreditinstitut (Depotbank) zu erfolgen hat. Der Schutzwirkung der Verwahrungstätigkeit der Depotbank wird im Schrifttum[2] die gleiche Bedeutung beigemessen, die

---

[1] Vgl. Ebner von Eschenbach, Die Rechte des Anteilinhabers nach dem Gesetz über Kapitalanlagegesellschaften, S. 121 ff. (122). — Dürre, Investmentsparen und Investmentgesellschaften, in: Sparkasse, 1957, 132 (133).

[2] Steder, in: Investment-Handbuch 425, § 12, Rz. 1. — von Caemmerer, Kapitalanlage- oder Investmentgesellschaften, JZ 1958, S. 41 (49). — Geßler, Das Recht der Investmentgesellschaften und ihrer Zertifikatsinhaber, in: Wertpapier-Mitteilungen,

C. Die Rechtsstellung der Depotbank

auch während der parlamentarischen Beratung des KAGG zum Ausdruck gekommen ist.[3] Zur lückenlosen Ausgestaltung dieses Schutzes wird die Regelung des § 12 Abs. 1 S. 1 durch die Vorschriften des § 12 Abs. 3 bis 6 ergänzt.

Nach § 12 Abs. 3 S. 3 ist der Preis für die Ausgabe von Anteilscheinen an die Depotbank zu entrichten und von dieser auf einem für das Sondervermögen eingerichteten Sperrkonto zu verbuchen. Das gleiche gilt nach Satz 4 für den Kaufpreis aus dem Verkauf von Wertpapieren.

Aus den gesperrten Konten hat die Depotbank alle zu Lasten des Sondervermögens anfallenden Zahlungen durchzuführen (§ 12 Abs. 4 und 7). In der gleichen Weise, in der alle Geldbeträge, die in das Sondervermögen fließen, auf Sperrkonten zu verbuchen sind, sind alle für das Sondervermögen angeschafften Wertpapiere in ein Sperrdepot zu legen (§ 12 Abs. 3 S. 1).

Das KAGG erläutert nicht, was unter einem für das Sondervermögen eingerichteten Sperrkonto oder Sperrdepot zu verstehen ist.

Der Begriff des Kontos findet im allgemeinen Sprachgebrauch in einem doppelten Sinn Verwendung. Unter rein buchhalterischen Gesichtspunkten stellt ein Konto die buch- oder rechnungsmäßige Darstellung von Forderungen und Verbindlichkeiten zwischen dem Kontoinhaber und dem Kontoführer dar.[4] Über die Bedeutung einer bloßen Buchungsunterlage hinaus wird mit dem Begriff des Kontos aber auch das verbuchte Recht und mit dem Begriff des Kontoinhabers der Gläubiger bzw. Schuldner der verbuchten Forderung gemeint.[5] Da § 12 Abs. 3 S. 3 von Konten nur in dem Zusammenhang spricht, daß diese für das Sondervermögen einzurichten sind, ist damit das Konto als Mittel der buch- und rechnungsmäßigen Darstellung gemeint. Die in § 1 Abs. 1 und in § 6 Abs. 1 S. 2 vorgeschriebene Trennung des Sondervermögens vom Eigenvermögen der Kapitalanlagegesellschaft ist nämlich nur dann in der erforderlichen Übersichtlichkeit gewährleistet, wenn die Kapitalanlagegesellschaft in ihrer Buchhaltung unterscheidbare Kontenkreise für ihr Eigenvermögen und für jedes Sondervermögen einrichtet und in der sogenannten Fondsbuchhaltung[6] die zu jedem Sondervermögen gehörenden Vermögenswerte getrennt erfaßt. Diese getrennte Erfassung wird durch § 12 Abs. 3 S. 3 auch für die bei der Depotbank einzurichtenden Konten vorgeschrieben. Die hierdurch erleichterte Identifizierbarkeit der Vermö-

---

1957, Sonderbeilage Nr. 4 zu Teil IV B Nr. 20 vom 18. Mai 1957, S. 10 (12). — Barocka, Investment-Sparen und Investment-Gesellschaften, S. 104. — Baum, Schutz und Sicherung des Investmentsparers bei Kapitalanlagegesellschaften und Investment-Trusts, S. 143.

[3] Siehe Bundestagsdrucksache, 3. Wahlperiode, Nr. 2973, S. 3.
[4] Schwarz, Abgabenordnung, § 154, Rz. 3.
[5] Canaris, Bankvertragsrecht, Rz. 142.
[6] Wernicke, Die Jahresabschlußprüfung bei Kapitalanlagegesellschaften, S. 114.

gensgegenstände ist u. a. im Hinblick auf die Surrogationsvorschriften des § 6 Abs. 2 sowie für die Konkursaussonderung (§ 13 Abs. 3 S. 2) und für die Depotbank bei der Abwehr von Zwangsvollstreckungen in das Sondervermögen (§ 12 Abs. 8) von Bedeutung. Daraus folgt, daß alle Konten, auf denen von der Depotbank Vermögenswerte eines Sondervermögens verbucht werden, erkennbar als eigens für das betreffende Sondervermögen eingerichtete Konten gekennzeichnet sein müssen.

Über diese Kennzeichnung hinaus verlangt § 12 Abs. 3 S. 3, daß es sich um gesperrte Konten handelt. Als Sperrkonto pflegt man ein Konto zu bezeichnen, bei dem Einschränkungen der Verfügungsmacht des Berechtigten bestehen.[7] Auch bei den für ein Sondevermögen eingerichteten Konten besteht die Wirkung der Sperrvermerke nach allgemein vertretener Ansicht[8] darin, die eingeschränkte Verfügungsmacht der Kapitalanlagegesellschaft kenntlich zu machen und zugleich auf die Kontroll- und Schutzpflichten hinzuweisen, die die Depotbank bei der Kontoführung zur Sicherung des Bestandes des Sondervermögens zu erfüllen hat und die der Anwendung der Allgemeinen Geschäftsbedingungen der Depotbank vorgehen.

Zu den Schutzpflichten, auf die die Sperrvermerke hinweisen, zählt neben der Kontrolle der Einhaltung der Anlagegrundsätze und der Anlagegrenzen (§§ 8, 25b, 27) die in § 12 Abs. 6 geregelte Aufgabe der Depotbank, dafür zu sorgen, daß bei jedem für gemeinschaftliche Rechnung der Anteilinhaber getätigten Geschäft der Gegenwert in ihre Verwahrung gelangt. Aufgrund dieser Vorschrift ist die Depotbank nicht nur für den Bestand der Vermögenswerte verantwortlich, die sich in ihrer Obhut befinden, sondern sie ist darüber hinaus verpflichtet, dafür zu sorgen, daß auch alles, was mit den Mitteln des Sondervermögens angeschafft wird, in ihren unmittelbaren Besitz gelangt.

Im Falle von Beteiligungs-Sondervermögen und Grundstücks-Sondervermögen tritt an die Stelle der Verwahrung die laufende Überwachung des Bestandes der Immobilien und Beteiligungen (§§ 25 Abs. 1, 31 Abs. 1). Um auch hier unerlaubten Verfügungen entgegenzuwirken, sehen die §§ 25g Abs. 2 S. 1 und 31 Abs. 2 S. 1 die Zustimmung der Depotbank zu Verfügungen über Grundstücke oder Beteiligungen vor. Im Falle der Grundstücks-Sondervermögen ist die Verfügungsbeschränkung im Grundbuch einzutragen (§ 31 Abs. 4 S. 1).

Aufgrund der Sperrwirkung der Verfügungsbeschränkung ist die Kapitalanlagegesellschaft gezwungen, zu jeder Verfügung die Zustimmung der Depotbank einzuholen.

---

[7] Canaris, Bankvertragsrecht, Rz. 250. — Schönle, Bank- und Börsenrecht, S. 95.

[8] Vgl. Canaris, a.a.O., Rz. 2469. — Baur, Investmentgesetze, S. 186. — Siara/Tormann, Gesetz über Kapitalanlagegesellschaften, S. 48. — Ebner von Eschenbach, a.a.O., S. 124.

C. Die Rechtsstellung der Depotbank

Die Prüfung, die die Depotbank gemäß §§ 25g Abs. 2 S. 3 und 31 Abs. 3 S. 1 vor Erteilung der Zustimmung vorzunehmen hat, erstreckt sich auf die Prüfung der Einhaltung der Anlagevorschriften des KAGG und der Vertragsbedingungen sowie auf die Entscheidung der Frage, ob Anhaltspunkte dafür vorliegen, daß die Kapitalanlagegesellschaft mit der beabsichtigten Verfügung gegen die ihr gemäß § 10 Abs. 1 S. 1 obliegende Sorgfalts- und Interessenwahrungspflicht verstößt. Im Rahmen dieser Kontrolle hat die Depotbank die Zweckmäßigkeit einzelner Fondsverwaltungsmaßnahmen nicht zu überprüfen. Jeder Eingriff in die Geschäfts- und Anlagepolitik würde eine Überschreitung ihrer Kontrollaufgabe darstellen.[9]

Diese Feststellung ist nicht nur für den Inhalt und den Umfang solcher Schutzaufgaben von Bedeutung, die der Depotbank, wie im Falle der Kontrolle von Verfügungen über die Beteiligungen bzw. Grundstücke eines Sondervermögens, als konkrete Einzelaufgaben zugewiesen werden, sondern sie gilt generell für die Ausübung der Schutzbefugnisse, die die Depotbank nach § 12 Abs. 8 wahrzunehmen hat.[10] Aufgrund dieser Vorschrift ist die Depotbank berechtigt und verpflichtet, sowohl Ansprüche der Anteilinhaber gegen die Kapitalanlagegesellschaft als auch Ansprüche gegen eine frühere Depotbank im eigenen Namen geltend zu machen sowie außerdem im Wege der Drittwiderspruchsklage Vollstreckungen in das Sondervermögen abzuwehren. Für die Geltendmachung der Rechte aus § 771 ZPO schreibt § 12 Abs. 8 S. 2 sogar die ausschließliche Zuständigkeit der Depotbank vor.

Bei dem Recht, Ansprüche der Anteilinhaber im eigenen Namen geltend zu machen, handelt es sich um eine gesetzliche Treuhandschaft zugunsten der Anteilinhaber.[11] Die damit ausdrücklich verbundene Pflicht, Ansprüche der Anteilinhaber gegenüber denen der Kapitalanlagegesellschaft durchzusetzen, setzt zwingend ein umfassendes Überwachungsrecht und eine diesem Recht entsprechende allgemeine Überwachungspflicht voraus.[12]

Nur im Rahmen einer Kontrolle, die die gesamte Kapitalanlagetätigkeit erfaßt, ist die Depotbank in der Lage festzustellen, ob den Anteilinhabern Schadensersatzansprüche gegenüber der Kapitalanlagegesellschaft entstanden sind.[13] Konkrete Anhaltspunkte für derartige Ansprüche erhält die

---

[9] Vgl. Steder, in: Investment-Handbuch 425, § 31, Rz. 8. — Baur, Investmentgesetze, S. 314. — So auch die Erläuterungen zu § 25g Abs. 2 S. 2 in der Bundestagsdrucksache, 10. Wahlperiode, 5981 (S. 41).

[10] Vgl. K. Müller, Die Überwachung der Geschäftstätigkeit der Kapitalanlagegesellschaft durch die Depotbank, DB 1975, S. 485 (486.).

[11] Wendt, Treuhandverhältnisse nach dem Gesetz über Kapitalanlagegesellschaften, S. 104. — G.H. Roth, Das Treuhandmodell des Investmentrechts, S. 158. — Canaris, Bankvertragsrecht, Rz. 2465.

[12] Vgl. K. Müller, a.a.O., S. 485.

[13] G. Müller, Die Rechtsstellung der Depotbank im Investmentgeschäft, S. 137. —

Depotbank im Zusammenhang mit der Erfüllung ihrer diversen Einzelaufgaben. Als solche kommen insbesondere die Verwahrung des Sondervermögens und die damit unmittelbar verbundene Verpflichtung der Depotbank in Betracht, dafür zu sorgen, daß bei allen für gemeinschaftliche Rechnung der Anteilinhaber getätigten Geschäften der Gegenwert in ihre Verwahrung gelangt (§ 12 Abs. 6).[14] Der detaillierte Überblick über alle Gegenstände, die zum Sondervermögen gehören bzw. für dasselbe gekauft oder verkauft werden, vermittelt der Depotbank im Zusammenhang mit der Kontrolle der Preisobergrenzen und -untergrenzen (§ 12 Abs. 5) die Kenntnisse, die zur Überwachung der Kapitalanlagetätigkeit und zur Geltendmachung von Ansprüchen der Anteilinhaber gegen die Kapitalanlagegesellschaft notwendig sind.[15] Somit stellen die der Depotbank einzeln zugewiesenen Aufgaben und die sich aus § 12 Abs. 8 ergebende allgemeine Kontroll- und Interessenwahrungspflicht ein aufeinander abgestimmtes Schutzsystem zur Sicherung des Sondervermögens und damit zur Wahrung der Interessen der Anteilinhaber dar.[16]

In der gleichen Weise, wie im Falle des § 31 Abs. 3 S. 1 hat die Depotbank auch nach § 12 Abs. 8 lediglich eine Rechtmäßigkeitskontrolle durchzuführen und festzustellen, ob die Art und Weise, in der die Kapitalanlagegesellschaft das Sondervermögen verwaltet, mit den Vorschriften des KAGG und den für das Sondervermögen geltenden Vertragsbedingungen vereinbar ist. Die Zweckmäßigkeit der Fondsverwaltung hat die Depotbank auch im Zusammenhang mit § 12 Abs. 8 nicht zu prüfen.[17]

Die Darstellung der Schutzfunktion der Depotbank wäre unvollständig, wenn dabei nicht auch auf die Tatsache eingegangen würde, daß § 12 Abs. 1 S. 1 ausdrücklich an die Kreditinstitutseigenschaft anknüpft. An die Stelle einer reinen Kontrollperson, wie sie beispielsweise in den §§ 70 ff. Versicherungsaufsichtsgesetz oder in den §§ 29 ff. Hypothekenbankgesetz vorgeschrieben wird, tritt zum Schutz der Investmentsparer eine Bank. Dieser Umstand müßte nicht besonders erwähnt werden, wenn die Depotbank ausschließlich kontrollierend tätig zu werden hätte und ihre Sachkunde als

---

Wendt, Treuhandverhältnisse nach dem Gesetz über Kapitalanlagegesellschaften, S. 62.

[14] Vgl. Ebner von Eschenbach, Die Rechte des Anteilinhabers nach dem Gesetz über Kapitalanlagegesellschaften, S. 122. — Schäcker, Entwicklung und System des Investmentsparens, S. 124.

[15] Vgl. Steder, in: Investment-Handbuch 425, § 12, Rz. 17. — G. Müller, a.a.O., S. 137/138.

[16] Vgl. K. Müller, a.a.O., S. 485. — Canaris, Bankvertragsrecht, Rz. 2472-74.

[17] Vgl. K. Müller, a.a.O., S. 486. — G. Müller, a.a.O., S. 139-141. — Canaris, Bankvertragsrecht, Rz. 2474. — Wendt, a.a.O., S. 62.

Bank nur einzusetzen hätte, um zu überwachen, ob die Verwahrung des Sondervermögens und die anderen in § 12 Abs. 1 S. 1 genannten Aufgaben entweder von der Kapitalanlagegesellschaft selbst oder von dritter Seite ordnungsgemäß abgewickelt werden.

Die Besonderheit der Depotbankfunktion besteht jedoch darin, daß sie als Geschäftsbank tätig zu werden und dabei ihre Schutzfunktion auszuüben hat.[18] Diese Verknüpfung ist bei der in § 12 Abs. 1 S. 1 geregelten Verwahrung (Depotgeschäft), bei der Ausgabe und Rücknahme von Anteilscheinen (Emissions- und Konsortialgeschäft) und bei der Durchführung von Zahlungen gemäß § 12 Abs. 4 (Zahlungsverkehr) gegeben.

Dürre[19] und Siara/Tormann[20] verweisen deshalb zu Recht darauf, daß in der Institution der Depotbank die Treuhand- und Sicherungsfunktion eines Staatskommissars mit der Fachkunde der Geschäftsbank für banktypische Dienstleistungen, die die Kapitalanlagegesellschaft ohnehin in Anspruch nehmen müßte, zusammengefaßt worden sind.

Für die Beurteilung der Rechtsstellung der Depotbank und ihrer Rechtsbeziehungen zur Kapitalanlagegesellschaft ist es ausgesprochen wichtig, sich immer wieder die Verknüpfung der Treuhandfunktion und der Geschäftsbankaufgaben zu einer einheitlichen Schutzfunktion vor Augen zu halten.

Die Vorschriften, in der der Depotbank einzelne Aufgaben zugewiesen werden, lassen nicht immer erkennen, daß die typischen Bankdienstleistungen einen wichtigen, der Parteidisposition entzogenen Bestandteil der Kontroll- und Schutzfunktion darstellen. Ein Beispiel für eine in dieser Hinsicht unklare Bestimmung ist § 12 Abs. 1 S. 1. Geht man vom Wortlaut dieser Vorschrift aus, so entsteht der Eindruck, als handele es sich bei der Verwahrung der zum Sondervermögen gehörenden Gelder um ein Bankgeschäft in der Form eines depositum irregulare nach § 700 BGB und bei der Verwahrung der Wertpapiere um den typischen Fall des nach den Vorschriften des Depotgesetzes zu beurteilenden Wertpapierverwahrungsgeschäftes. Wie jedoch die vorstehenden Ausführungen gezeigt haben, werden der Depotbank im Rahmen der Verwahrungstätigkeit zusätzlich zu der Gewährung von Raum und Obhut soviele Kontroll- und Schutzaufgaben auferlegt, daß von einer Verwahrung im Sinne der §§ 688 ff. BGB bzw. der §§ 1 ff. DepotG nicht mehr gesprochen werden kann.[21]

---

[18] Siehe hierzu: Barocka, Investment-Sparen und Investment-Gesellschaften, S. 102 ff. — Liebich/Mathews, Treuhand und Treuhänder in Recht und Wirtschaft, S. 383. — Steder, in: Investment-Handbuch 425, § 12, Rz. 3.

[19] Investmentsparen und Investmentgesellschaften, in: Sparkasse, 1956 (Heft 14), S. 219 (221).

[20] Kommentar zum Gesetz über Kapitalanlagegesellschaften, S. 48.

[21] Siehe hierzu unten Abschnitt C III 3.

Wegen der Ausweitung der Verwahrungstätigkeit zu einer umfassenden Schutzfunktion ist es nicht möglich, § 12 Abs. 1 S. 1 wörtlich zu interpretieren und davon auszugehen, daß die Depotbank die mit der Verwahrungstätigkeit verbundenen Schutzbefugnisse aus einem Antrag auf Kapitalanlagegesellschaft ableitet.

Das Schrifttum ist bislang einhellig von dieser Annahme ausgegangen, obwohl das KAGG eine Reihe von Hinweisen enthält, die dagegen sprechen.

II. Die Rechtsbeziehungen zwischen der Depotbank und der Kapitalanlagegesellschaft

1. Kritik an der herrschenden Meinung

Nach allgemein vertretener Ansicht[1] bestehen die Rechtsbeziehungen zwischen der Depotbank und der Kapitalanlagegesellschaft in Form eines Dienstvertrages, der auf eine Geschäftsbesorgung ausgerichtet ist (§§ 675, 611 ff. BGB) und außerdem Elemente eines Verwahrungsvertrages enthält. In diesen Vertrag werden nach Ansicht der meisten Vertreter der herrschenden Meinung die Anteilinhaber im Wege eines echten Vertrages zugunsten Dritter (§ 328 BGB) einbezogen.[2]

Canaris[3] und Klenk[4] lehnen die Einbeziehung der Anteilinhaber durch einen Vertrag zugunsten Dritter ab. Canaris geht im Ergebnis zutreffend von einem gesetzlichen Schuldverhältnis zwischen der Depotbank und den Anteilinhabern aus, nachdem er zum einen den von Klenk angenommenen direkten Vertrag zwischen den Anteilinhabern verneint und zum anderen geltend macht, daß der Schutz der Anteilinhaber nicht Gegenstand der Privatautonomie der Kapitalanlagegesellschaft und der Depotbank sein könne.

---

[1] Geßler, Das Recht der Investmentgesellschaften und ihrer Zertifikatsinhaber, in: Wertpapier-Mitteilungen, 1957, Sonderbeilage Nr. 4 zu Teil IV B Nr. 20 vom 18. Mai 1957, S. 10 (20). — G. Müller, Die Rechtsstellung der Depotbank im Investmentgeschäft, S. 93. — Schäcker, Entwicklung und System des Investmentsparens, S. 68. — Reuter, Investmentfonds und die Rechtsstellung der Anteilinhaber, S. 152. — Baum, Schutz und Sicherung des Investmentsparens bei Kapitalanlage-Gesellschaften und Investment-Trusts, S. 143. — Ebner von Eschenbach, Die Rechte des Anteilinhabers nach dem Gesetz über Kapitalanlagegesellschaft, S. 13. — Canaris, Bankvertragsrecht, Rz. 2355. — Schönle, Bank- und Börsenrecht, S. 317/318.

[2] Geßler, a.a.O., S. 22. — G. Müller, a.a.O., S. 187. — Schönle, a.a.O., S. 318. — Schäcker, a.a.O., S. 69. — Reuter, a.a.O., S. 152. — Ebner von Eschenbach, a.a.O., S. 132. — Baum, a.a.O., S. 143. — Baur, a.a.O., S. 180.

[3] a.a.O., Rz. 2464.

[4] Die rechtliche Behandlung des Investmentanteils, S. 13-15.

C. Die Rechtsstellung der Depotbank

Klenk leitet aus der Tatsache, daß die Depotbank die Anteilscheine ausgibt und diese gemäß § 18 Abs. 1 S. 2 zusammen mit der Kapitalanlagegesellschaft zu unterzeichnen hat, die Voraussetzungen für das Zustandekommen eines Vertrages zwischen der Depotbank und den Anteilinhabern ab. Dieser Ansicht kann nicht beigepflichtet werden. Einzelheiten werden unten[5] im Rahmen der Erörterung der Rechtsbeziehungen der Depotbank zu den Anteilinhabern behandelt.

Geht man auf der Suche nach der Begründung des von der herrschenden Meinung eingenommenen Standpunktes zurück auf deren ersten Vertreter, so ergibt sich, daß Geßler[6] die herrschende Meinung mit dem Satz begründet hat: „Alle diese Rechte und Pflichten (Verf.: die Rechte und Pflichten der Depotbank gem. § 12 Abs. 1 S. 1) stempeln den Vertrag zu einem Dienstvertrag, der eine Geschäftsbesorgung und eine Aufbewahrung zum Gegenstand hat."

Bei Geßler fehlt in der gleichen Weise wie bei allen, die sich seiner Meinung angeschlossen haben, die Auseinandersetzung mit einer Reihe von Punkten, die ausschließen, daß zum einen die Voraussetzungen eines auf eine Geschäftsbesorgung ausgerichteten Dienstvertrages zwischen der Depotbank und der Kapitalanlagegesellschaft vorliegen und zum anderen der Schutz der Anteilinhaber Gegenstand der Parteidisposition des Kontrolleurs und des Kontrollierten sein kann.

Die Bedenken gegenüber dem Standpunkt der herrschenden Meinung, daß die Rechtsbeziehungen zwischen der Depotbank und der Kapitalanlagegesellschaft durch einen Vertrag nach §§ 675, 611 ff. BGB geregelt werden, beginnen bereits bei der Frage, ob die für ein gegenseitiges Schuldverhältnis typischen Leistungen und Gegenleistungen tatsächlich gegeben sind.

Die Vergütung, die die Depotbank erhält, zahlt nämlich nicht die Kapitalanlagegesellschaft. Gemäß § 12 Abs. 7 S. 2 steht der Depotbank für die Verwahrung des Sondervermögens kraft Gesetzes eine Vergütung zu, die aus dem Sondervermögen entnommen wird.[7]

Diese Regelung führt im Falle der Miteigentumslösung zur unmittelbaren Bezahlung der Depotbank aus dem Vermögen der Anteilinhaber. In den Fällen der Treuhandlösung ist wirtschaftlich gesehen das gleiche Ergebnis gegeben.

Lediglich in § 12 Abs. 8 wird die Kapitalanlagegesellschaft verpflichtet, der Depotbank eine angemessene Vergütung zu zahlen und Aufwendungen, d. h. Prozeßkosten, zu erstatten.

---

[5] Vgl. Abschnitt C III 1.
[6] a.a.O., S. 20.
[7] Vgl. hierzu unten Abschnitt C III 1.

Angesichts der klaren Unterscheidung zwischen der in § 12 Abs. 7 S. 2 geregelten laufenden Vergütung der Depotbank und der Vergütung, die sie nach § 12 Abs. 8 für die Verfolgung von Rechtsansprüchen der Anteilinhaber von der Kapitalanlagegesellschaft als Anspruchsgegner beanspruchen kann, sind die Ausführungen, die im Schrifttum zur Frage der Vergütung der Depotbank gemacht werden, zumindest für die Miteigentumslösung unverständlich. Schönle[8] spricht davon, daß die Kapitalanlagegesellschaft der Depotbank für die Verwahrung des Sondervermögens eine Vergütung nach § 12 Abs. 7 S. 2 schulde. Baur[9] greift die Argumentation von Geßler[10] auf, der die Vorschrift des § 12 Abs. 7 S. 2 mit dem Hinweis zu erklären versucht, daß die Kapitalanlagegesellschaft aus Gründen des Anlegerschutzes nicht berechtigt sei, über die Konten des Sondervermögens zu verfügen. Um den Umweg über einen Erstattungsanspruch der Kapitalanlagegesellschaft zu vermeiden, sehe § 12 Abs. 7 S. 2 deshalb vor, daß die Depotbank ihre Vergütung direkt aus dem Sondervermögen erhält.

Diese Ausführungen vermögen nicht zu überzeugen. Abgesehen davon, daß selbst bei einer Bezahlung durch die Kapitalanlagegesellschaft wegen der sofortigen Erstattung aus dem Sondervermögen sehr sorgfältig geprüft werden müßte, inwieweit von einem Austausch von Leistung und Gegenleistung gesprochen werden kann, liegen diese Voraussetzungen bei den Sondervermögen der Miteigentumslösung auf keinen Fall vor, nachdem das KAGG der Depotbank einen unmittelbar gegen das Sondervermögen gerichteten Anspruch auf Vergütung zuerkennt.

Eine Erklärung dafür, dennoch uneingeschränkt von einem gegenseitigen Schuldverhältnis gemäß §§ 675, 611 ff. BGB auszugehen, gibt die herrschende Meinung nicht. Sie versäumt es auch, der Frage nachzugehen, ob nicht in der Tatsache, daß die Depotbank in der gleichen Weise aus dem Sondervermögen bezahlt wird, in der die Kapitalanlagegesellschaft ihre Vergütung erhält, ein Indiz dafür zu sehen ist, daß die Depotbank aus einer selbständigen Position neben der Kapitalanlagegesellschaft durch die Erfüllung originärer Pflichten gegenüber den Anteilinhabern ihren Beitrag zu der Gesamtdienstleistung „Investmentsparen" zu erbringen hat.

Die herrschende Meinung geht offensichtlich davon aus, daß in der Kapitalanlagegesellschaft die zentrale Institution des Investmentsparens zu sehen ist, der die Depotbank zuzuarbeiten hat. So sehen z. B. Schönle[11] sowie G. Müller[12] und ihnen folgend Liebich/Mathews[13] in der Depotbank den

---
[8] a.a.O., S. 319.
[9] a.a.O., S. 190.
[10] a.a.O., S. 22/23.
[11] a.a.O., S. 319.
[12] a.a.O., S. 180 ff.
[13] Treuhand und Treuhänder in Recht und Wirtschaft, S. 568, Rz. 865.

Erfüllungsgehilfen der Kapitalanlagegesellschaft. Canaris[14], Roth[15] und Baur[16] sprechen im Zusammenhang mit § 14 Abs. 1 von der Rechtsnachfolge der Depotbank in die Position der Kapitalanlagegesellschaft, wenn diese gemäß § 13 aus dem Vertrag mit den Anteilinhabern ausscheidet.

Diese Meinungen spiegeln eine unzutreffende Beurteilung der Position wider, die die Kapitalanlagegesellschaft und die Depotbank innerhalb des Investment-Dreiecks einnehmen.

Wie vor allem die Vorschriften über das Ausscheiden der Kapitalanlagegesellschaft aus dem Dreiecksverbund (§§ 13 und 14) zeigen, stützt das KAGG das Investmentsparen nicht auf einen zentralen Rechtsträger. Die Rolle, die es der Kapitalanlagegesellschaft und der Depotbank zuweist, ist vielmehr die von zwei gleichgewichtigen Leistungsträgern, die die Dienstleistung „Investmentsparen" gemeinsam gegenüber den Anteilinhabern erbringen.

Diese Rollenverteilung läßt sich aus den Regelungen des § 12 Abs. 1-6, den §§ 13 und 14, dem Zustandekommen der Vertragsbedingungen (§ 15) sowie aus der Rechtsstellung ableiten, die einige mit der Depotbank vergleichbare Treuhänder einnehmen.

a) Die Verwahrung des Sondervermögens aufgrund originärer Befugnisse

Der Wortlaut des § 12 Abs. 1 S. 1, der den Eindruck vermittelt, als habe die Kapitalanlagegesellschaft mit der Depotbank eine Vereinbarung über die Verwahrung des Sondervermögens zu treffen, ist mißverständlich. Die unscharf formulierte Regelung verstellt den Blick dafür, daß die Depotbank alleine für die Anteilinhaber verwahrt, und zwar aufgrund originärer und nicht mittels abgeleiteter Befugnisse. Gegenüber der Kapitalanlagegesellschaft stellt die Verwahrungstätigkeit der Depotbank ein Instrument zur Kontrolle und zur Beschränkung der Verfügungsmöglichkeiten dar, die der Kapitalanlagegesellschaft gemäß § 9 Abs. 1 S. 1 über die Gegenstände des Sondervermögens eingeräumt wird.

Für diese von den Ansichten der herrschenden Meinung abweichende Auslegung des § 12 Abs. 1 S. 1 sprechen mehrere Argumente. Als erstes sind die weit über die Gewährung von Raum und Obhut hinausgehenden Verwahrpflichten der Depotbank zu nennen, die erkennen lassen, daß mit dem in § 12 Abs. 1 S. 1 gebrauchten Begriff der Verwahrung eine Tätigkeit umschrieben wird, die mit den Rechten und Pflichten eines Verwahrers nach §§ 688 ff. BGB oder §§ 1 ff. DepotG nur bedingt verglichen werden kann.

---

[14] a.a.O., Rz. 2477.
[15] a.a.O., S. 158.
[16] a.a.O., S. 197.

Wie die oben im Abschnitt C I getroffenen Feststellungen zeigen, hat der KAGG-Gesetzgeber einen in sich geschlossenen Kreis von Vorschriften geschaffen, die gewährleisten, daß, beginnend mit der Ausgabe des ersten Anteilscheins, alle Einzahlungen der Anteilerwerber direkt an die Depotbank fließen und von dieser auf den Sperrkonten des Sondervermögens zu verbuchen sind. Aus diesen Konten darf die Depotbank, von der in § 12 Abs. 7 geregelten Auszahlung der Vergütung der Kapitalanlagegesellschaft und der Depotbank abgesehen, Zahlungen nur vornehmen, wenn entsprechend der Vorschrift des § 12 Abs. 6 sichergestellt ist, daß der Gegenwert in ihre Verwahrung gelangt.

Die Erfüllung dieser Verpflichtung setzt notwendigerweise das Recht der Depotbank voraus, auf die Art und Weise der Abwicklung von Geschäften Einfluß zu nehmen[17] und gegebenenfalls die aus dem Sondervermögen an die Kapitalanlagegesellschaft gemäß §§ 12 Abs. 7 S. 1 i.V.m. 9 Abs. 2 zu erstattenden Aufwendungen aus den für das Sondervermögen abgeschlossenen Geschäften zurückhalten, bis sichergestellt ist, daß der Gegenwert in das Sondervermögen gelangt.[18]

Berücksichtigt man außerdem, daß die Depotbank bei jedem für Rechnung des Sondervermögens getätigten Geschäft die Einhaltung der Preislimite (§ 12 Abs. 5 und § 27, Abs. 3 S. 1) und die Beachtung der Anlagegrundsätze zu kontrollieren hat, die sich aus den §§ 8, 25b und 27 in Verbindung mit den jeweiligen Vertragsbedingungen ergeben, dann wird deutlich, daß sich hinter dem Begriff „Verwahren" eine sehr komplexe Tätigkeit verbirgt.

Als ihr kennzeichnendes Merkmal ist nicht die für die Verwahrung charakteristische Gewährung von Raum und Obhut, sondern die für einen Verwahrer nach § 688 BGB gänzlich untypische Verpflichtung der Depotbank anzusehen, bei Ausübung der Verwahrungstätigkeit die Kapitalanlagegesellschaft in ihrer Eigenschaft als Vertragspartner der Anteilinhaber an deren Stelle ständig zu kontrollieren.

Im Falle von Grundstücks- und Beteiligungs-Sondervermögen wird diese besondere Zielsetzung noch offensichtlicher. Da eine Verwahrung bei Immobilien nicht möglich ist, bestimmt § 31 Abs. 1, daß die Kapitalanlagegesellschaft die Depotbank mit der laufenden Überwachung des Bestandes an Grundstücken sowie mit der Verwahrung der Gelder und Wertpapiere zu beauftragen hat. Der Inhalt dieser Regelung verdeutlicht in weitaus stärkerem Maße, als dies im Falle des § 12 Abs. 1 S. 1 erkennbar ist, daß der Zweck, der mit der Einschaltung der Depotbank verfolgt wird, gegenüber der Kapitalanlagegesellschaft in deren Kontrolle und nicht in der Erbringung einer Dienstleistung zugunsten der Kapitalanlagegesellschaft besteht. Die Über-

---

[17] Vgl. Steder, in: Investment-Handbuch 425, § 12, Rz. 17.
[18] Vgl. Canaris, Bankvertragsrecht, Rz. 2472. — Baur, Investmentgesetze, S. 189.

wachung eines Bestandes an Grundstücken stellt nämlich keine Tätigkeit dar, mit der die Depotbank in der Lage wäre, die Kapitalanlagegesellschaft bei der Verwaltung des Sondervermögens zu unterstützen. Eine solche Aufgabe hat ausschließlich Kontrollcharakter.

Auch im Falle von Beteiligungs-Sondervermögen zeigt die Aufgabenstellung der Depotbank, daß die Überwachung der Kaptalanlagegesellschaft den eigentlichen Inhalt ihrer Tätigkeit darstellt. Gemäß § 25 Abs. 1 letzter Satz hat sie die Abfassung der Verträge über die stillen Beteiligungen und danach deren Bestand zu kontrollieren (§ 25g Abs. 1 S. 1).

Der Schutzzweck, der mit jeder einzelnen Kontrollaufgabe erreicht werden soll, läßt es sehr unwahrscheinlich erscheinen, daß die Depotbank ihre Befugnisse zur Ausübung der Verwahrung von der Kapitalgesellschaft übertragen erhält.

In der gleichen Weise, in der § 6 Abs. 2 jede Möglichkeit des Zwischenerwerbs von Gegenständen des Sondervermögens durch die Kapitalanlagegesellschaft ausschließt, verhindern die Regelungen des § 12 Abs. 1-6 die Möglichkeit eines direkten Zugriffs der Kapitalanlagegesellschaft auf einzelne Vermögensgegenstände. Die Verfügungsmöglichkeiten, die der Kapitalanlagegesellschaft gemäß § 9 Abs. 1 S. 1 über die zu einem Sondervermögen gehörenden Gegenstände eingeräumt werden, werden durch § 12 Abs. 1-6 soweit eingeschränkt, daß die Kapitalanlagegesellschaft keinen unmittelbaren Besitz an den Gegenständen des Sondervermögens erlangt. Dieser geschlossene Kreis von Schutzbestimmungen bleibt auch dann unverändert wirksam, wenn die Anteilinhaber von ihrem Recht zur Rückgabe der Anteilscheine gegen Auszahlung ihrer Anteile (§ 11 ABs. 2) Gebrauch machen oder wenn das Sondervermögen nach den §§ 13, 14 abgewickelt bzw. den Anteilinhabern auf Empfehlung der Kapitalanlagegesellschaft anstelle der Abwicklung des Sondervermögens — wie in dem unten zitierten Fall geschehen[19] — ein Umtauschangebot unterbreitet wird.

Sobald die Depotbank auf einem der drei aufgezeigten Wege alle Anteilscheine gegen Auszahlung des Anteilwertes zurückgenommen hat, erlischt das Sondervermögen, da es gemäß der Definition des § 6 Abs. 1 S. 1 aus dem eingelegten Geld und den damit angeschafften Vermögensgegenständen besteht.

Aus diesem kurzen Abriß des Verlaufs der Verwahrungstätigkeit der Depotbank vom Zeitpunkt der Entstehung des Sondervermögens aufgrund der ersten Einzahlung bis zu seinem Erlöschen infolge der Auszahlung des letzten Anteils wird ersichtlich, daß der Kapitalanlagegesellschaft zu keinem Zeitpunkt gegenüber der Depotbank ein Anspruch auf Herausgabe von

---

[19] Siehe Veröffentlichung der Anlage-Gesellschaft für französische Aktienwerte m.b.H., Düsseldorf, Bundesanzeiger vom 4.12.1969, Nr. 225, S. 14.

verwahrten Vermögensgegenständen zusteht. Der Schutzzweck der Vorschriften des § 12 Abs. 3-6 ist vielmehr gerade darauf gerichtet, die zum Wesen eines Verwahrungsvertrages zählende Rückgabepflicht des Verwahrers[20] gegenüber der Kapitalanlagegesellschaft auszuschließen.

Diese Feststellung stellt keinen Widerspruch zu dem Recht der Kapitalanlagegesellschaft dar, für das Sondervermögen Wertpapiere zu kaufen und zu verkaufen und über die Gegenstände des Sondervermögens verfügen zu können. Diese Befugnisse sind Teil ihres Verwaltungsrechtes (§ 10 Abs. 1 S. 1) und ihrer Verfügungsbefugnis (§ 9 Abs. 1 S. 1). Sie beziehen sich nur darauf, im Rahmen von Geschäften für das Sondervermögen von der Depotbank die Auslieferung an Dritte zu verlangen. Dieser Anspruch unterscheidet sich jedoch nicht nur in seinem Inhalt, sondern auch in seinem Umfang von dem Auslieferungsanspruch eines Einlegers, da sich dessen Anspruch auf die Herausgabe des verwahrten Gegenstandes bzw. auf die Herausgabe von Sachen gleicher Art, Güte und Menge an ihn selbst erstreckt, und zwar jeweils einschließlich angefallener Früchte (§ 99 BGB).

Die Feststellung, daß der Zweck der Verwahrungstätigkeit der Depotbank in seinem Kern gegen die Kapitalanlagegesellschaft gerichtet ist, läßt es unwahrscheinlich erscheinen, daß die Depotbank, wie von der herrschenden Meinung angenommen, gegenüber der Kapitalanlagegesellschaft Dienstleistungen zu erbringen hat, die Elemente einer Verwahrung einschließen.

Die Zweifel gegenüber der von der herrschenden Meinung vertretenen Ansicht werden noch durch die Tatsache verstärkt, daß die Kapitalanlagegesellschaft im Rahmen der Verwaltung des Sondervermögens keinesfalls darauf angewiesen ist, daß die Depotbank für sie in einer Verwahrungsfunktion tätig wird.

Für eine erfolgreiche Durchführung der Kapitalanlagetätigkeit reicht es völlig aus, wenn sichergestellt ist, daß die Depotbank überall dort mit der Kapitalanlagegesellschaft zusammenarbeitet und deren Kapitalanlagetätigkeit unterstützt, wo Anlegerschutzinteressen nicht zur Diskussion stehen.

Um einen dahingehenden Anspruch der Kapitalanlagegesellschaft zu begründen, bedarf es keines auf eine Verwahrung gerichteten Vertrages.

Diese Feststellung und die Tatsache, daß die Verwahrungstätigkeit der Depotbank ein wesentliches Element des Schutzes der Interessen der Anteilinhaber darstellt, sprechen für die Annahme, daß die Depotbank die Verwahrungstätigkeit nur gegenüber den Anteilinhabern, aber nicht zugunsten der Kapitalanlagegesellschaft zu erbringen hat.

---

[20] Vgl. Soergel/Mühl, vor § 688 BGB, Rz. 1. — Staudinger/Reuter, § 688 BGB, Rz. 10. — RGZ 119, 57 (58).

C. Die Rechtsstellung der Depotbank

Der von Steder[21] besonders hervorgehobene Umstand, daß die Kapitalanlagegesellschaft ohne Depotbank funktionsunfähig ist, weil ihr nicht selbst erlaubt ist, zu verwahren, darf nicht zu dem Fehlschluß führen, die sich daraus ergebende Notwendigkeit zur Zusammenarbeit mit dienstvertraglichen oder anderen schuldrechtlichen Pflichten der Depotbank gegenüber der Kapitalanlagegesellschaft zu erklären.

Die Übertragung der Verwahrungsbefugnisse auf die Depotbank im Rahmen eines Dienstvertrages würde im Ergebnis darauf hinauslaufen, daß die Kapitalanlagegesellschaft der Depotbank ausgerechnet die Befugnis überträgt, durch die die Depotbank in die Lage versetzt wird, das Sondervermögen gegen die Kapitalanlagegesellschaft zu schützen. Daß dieses Ergebnis dem Schutzzweck widerspricht, der gerade damit verfolgt wird, daß der Kapitalanlagegesellschaft bestimmte Funktionen, wie z. B. die Verwahrung des Sondervermögens, entzogen werden, steht außer Frage.

Nachdem der KAGG-Gesetzgeber die Verwahrungstätigkeit der Depotbank zu einem Instrument der Kontrolle der Kapitalanlagegesellschaft umgestaltet hat, ist es ausgeschlossen, daß die Depotbank die Befugnis zur Verwahrung aus einem Dienstvertrag mit der Kapitalanlagegesellschaft ableitet.[22]

Die bei keinem Vertrag auszuschließenden Unwägbarkeiten in bezug auf die Vollständigkeit und die Wirksamkeit der abgegebenen Willenserklärungen stehen der Annahme, die Depotbank und die Kapitalanlagegesellschaft hätten gemäß § 12 Abs. 1 S. 1 einen Vertrag nach §§ 675, 611 ff. BGB zu schließen, ebenso entgegen[23] wie der Umstand, daß jeder Dienstvertrag die Verpflichtung einschließt, die Interessen des Dienstherren zu wahren.

Somit läßt sich aus dem Zweck, der mit der Verwahrung des Sondervermögens durch die Depotbank verfolgt wird, ableiten, daß die Depotbank nicht für die Kapitalanlagegesellschaft, sondern für die Anteilinhaber verwahrt und daß die Rechtsquelle für ihre Befugnis zur Verwahrung außerhalb eines Vertrages mit der Kapitalanlagegesellschaft zu suchen ist.

Da, wie oben festgestellt,[24] zwischen den Anteilinhabern und der Depotbank kein Vertrag über die im § 12 Abs. 1 S. 1 geregelten Tätigkeiten geschlossen wird, so daß auch insoweit keine vertragliche Grundlage für die Verwahrungstätigkeit gegeben ist, kann die Rechtsquelle für die Verwahrungsbefugnisse der Depotbank nur im Gesetz selbst liegen. Hierfür gibt es stichhaltige Anhaltspunkte.

---

[21] In: Investment-Handbuch 425, § 12, Rz. 12.
[22] So auch Canaris, Bankvertragsrecht, Rz. 2462.
[23] Siehe hierzu die in gleicher Weise von K. Müller, a.a.O., S. 487, geäußerten Bedenken.
[24] Siehe oben Abschnitt II 1.

Zunächst ist darauf zu verweisen, daß, von § 12 Abs. 1 S. 1 und § 31 Abs. 1 abgesehen, alle übrigen Depotbankaufgaben eindeutig gesetzlich zugewiesene Aufgaben darstellen, was dafür spricht, daß es sich auch bei den vermeintlich vertraglichen Depotbankaufgaben in Wirklichkeit um gesetzliche handelt.[25] Außerdem ist zu berücksichtigen, daß der Depotbank in § 25g Abs. 1 S. 1 die Überwachung des Bestandes der Beteiligungen kraft Gesetzes zugewiesen wird. Diese nachträglich eingefügte Bestimmung belegt, daß die in § 31 Abs. 1 enthaltene Regelung über die Beauftragung der Depotbank, den Bestand der Grundstücke zu kontrollieren, nicht wörtlich zu nehmen ist. Daß nämlich die gleiche Schutzaufgabe in dem einen Fall auf vertraglicher und in dem anderen Fall auf gesetzlicher Grundlage beruht, kann als ausgeschlossen angesehen werden.

Die Argumente, die somit für die Annahme sprechen, daß die Depotbank bei der Verwahrung des Sondervermögens kraft originärer Befugnisse tätig wird, werden durch den Wortlaut der §§ 12 Abs. 1 S. 1 und 31 Abs. 1 nicht entkräftet.

Dem Begriff „Auftrag" wird sowohl im allgemeinen Sprachgebrauch als auch im Rechtsverkehr eine sehr unterschiedliche Bedeutung beigemessen. Der Gesetzgeber spricht nicht nur in den §§ 60 und 70 Börsengesetz[26] von Aufträgen, ohne damit einen Auftrag im Sinne der §§ 662 ff. BGB zu meinen,[27] sondern er macht auch in § 753 ZPO die Zwangsvollstreckung von dem Auftrag des Gläubigers abhängig, ohne daß damit der Auftrag der Partei zur Quelle der Zwangsbefugnisse wird, die der Gerichtsvollzieher ausübt.[28]

In der gleichen Weise, in der in § 753 ZPO die Zuständigkeit des Gerichtsvollziehers für die Durchführung von Zwangsvollstreckungen bestimmt und der Gläubiger mit seinem Vollstreckungsbegehren unter Verwendung des Begriffes „Auftrag" an den Gerichtsvollzieher verwiesen wird, stellen auch

---

[25] Zu einer Zwischenlösung zwischen der hier vertretenen Ansicht und der herrschenden Meinung kommt Ebner von Eschenbach, a.a.O., S. 140, indem er die Verwahrung sowohl dem nach § 12 Abs. 8 bestehenden gesetzlichen Treuhandverhältnis als auch dem seiner Meinung nach zwischen der Kapitalanlagegesellschaft und der Depotbank geschlossenen Dienstvertrag (§§ 675, 611 ff. BGB) zuordnet.

[26] Börsengesetz vom 22. Juni 1896 (RGBl., S. 157) in der im Bundesgesetzblatt, Teil III, Gliederungsnummer 4110-1, veröffentlichten bereinigten Fassung, zuletzt geändert durch Artikel 1 des Gesetzes zur Einführung eines Marktabschnitts an den Wertpapierbörsen und zur Durchführung der Richtlinien des Rates der Europäischen Gemeinschaften vom 5. März 1979, vom 17. März 1980 und vom 15. Februar 1982 zur Koordinierung börsenrechtlicher Vorschriften (Börsenzulassungs-Gesetz) vom 16. Dezember 1986 (BGBl. I, S. 2478).

[27] Schwark, § 60 BörsenG, Anm. 2: „Unter den Begriff der Aufträge fallen vor allem die Kommissionsgeschäfte, die ... nicht von vornherein unter den Begriff des Börsengeschäfts i.S. der §§ 52 ff. einzuordnen sind."

[28] Stein/Jonas/Münzberg, § 753 ZPO, Anm. I und II. — Baumbach/Lauterbach/Hartmann, § 753 ZPO, Anm. 1. — RGZ 82, 85 (86).

die §§ 12 Abs. 1 S. 1 und 31 Abs. 1 Zuständigkeitsregelungen, und zwar nicht nur in positiver, sondern auch in negativer Hinsicht dar.

Das Gebot, daß die Kapitalanlagegesellschaft ein anderes Kreditinstitut (Depotbank) mit der Verwahrung des Sondervermögens zu beauftragen hat, beinhaltet sowohl die an die Adresse der Kapitalanlagegesellschaft gerichtete negative Feststellung, daß sie das Sondervermögen nicht verwahren darf, als auch die Entscheidung des Gesetzgebers, daß es aus Gründen des Schutzes der Anteilinhaber nicht ausreicht, daß irgendein Kreditinstitut oder vielleicht sogar mehrere Institute in die Verwahrung des Sondervermögens eingeschaltet werden. Ausschließlich zuständig ist vielmehr das Kreditinstitut, das der Bankaufsichtsbehörde gegenüber als Depotbank benannt und von der Behörde akzeptiert worden ist. Der mit der Verwahrung angestrebte Schutz würde nicht erreicht, wenn es der Kapitalanlagegesellschaft erlaubt wäre, in bezug auf die Verwahrung des Sondervermögens eine weitere Bankverbindung zu unterhalten.

Um ein solches Vorgehen zu unterbinden, richtet der Gesetzgeber an die Adresse der Kapitalanlagegesellschaft das Gebot, die ausschließliche Zuständigkeit der Depotbank zu beachten, da nur so die Voraussetzungen dafür gegeben sind, daß die Depotbank ihrer Verpflichtung gemäß § 12 Abs. 6 nachkommen kann, dafür zu sorgen, daß alle für das Sondervermögen angeschafften Gegenstände in ihre Verwahrung gelangen.

Der Sinn und Zweck der in § 12 Abs. 1 S. 1 und 31 Abs. 1 getroffenen Zuständigkeitsregelungen besteht jedoch nicht nur darin, die Kapitalanlagegesellschaft zu binden und darauf festzulegen, daß sie die ausschließliche Zuständigkeit der Depotbank beachtet und kein anderes Kreditinstitut mit der Verwahrung von Vermögensgegenständen des Sondervermögens beauftragt. Immanenter Bestandteil der Vorschriften über die Zuständigkeit der Depotbank sind die mit den Pflichten der Kapitalanlagegesellschaft korrespondierenden Rechte der Depotbank, die Verwahrung auszuführen. Eine derart eindeutige Zuständigkeitsbestimmung enthält zugleich die Legitimation des Alleinzuständigen zur Ausübung der ihm vorbehaltenen Tätigkeit. Die Depotbank leitet demzufolge ihr Recht zur Verwahrung unmittelbar aus der Regelung ihrer Alleinzuständigkeit ab.

Diese Art der Auslegung der §§ 12 Abs. 1 S. 1 und 31 Abs. 1 wird durch die in den §§ 13 und 14 getroffenen Bestimmungen bestätigt. Da § 13 das Ausscheiden der Kapitalanlagegesellschaft aus dem Investment-Dreieck regelt und § 14 Vorschriften über die sich daraus ergebenden Folgen enthält, vermitteln beide Vorschriften weiterführende Anhaltspunkte für die Bestimmung der Rechtsbeziehungen, die zwischen diesen beiden Trägern des Investmentsparens bestehen.

b) Die Verwahrung des Sondervermögens im Falle des Ausscheidens der Kapitalanlagegesellschaft aus dem Investment-Dreieck

Nach § 13 verliert die Kapitalanlagegesellschaft das Recht zur Verwaltung von Sondervermögen, wenn sie den Vertrag mit den Anteilinhabern kündigt (Abs. 1), wenn über ihr Vermögen der Konkurs eröffnet wird (Abs. 3 S. 1) oder wenn die Depotbank aus einem der in Absatz 4 genannten Gründe, z. B. im Falle einer gerichtlichen oder behördlichen Entscheidung[29] über die Auflösung der Kapitalanlagegesellschaft, für die Anteilinhaber deren Vertragsverhältnis mit der Kapitalanlagegesellschaft kündigt.

Die durch das Ausscheiden der Kapitalanlagegesellschaft entstehenden Folgen regelt § 14. Nach § 14 geht mit dem Ausscheiden der Kapitalanlagegesellschaft in den Fällen der Treuhandlösung das Sondervermögen und in den Fällen der Miteigentumslösung das Verfügungsrecht über das Sondervermögen auf die Depotbank über. Gemäß Absatz 2 hat sie das Sondervermögen entweder abzuwickeln oder mit Genehmigung der Bankenaufsicht eine andere Kapitalanlagegesellschaft einzuschalten.

Am Wortlaut von § 14 Abs. 1 und 2 fällt auf, daß das Sondervermögen unverändert als Sondervermögen bezeichnet wird, und daß auch die Depotbank unverändert mit dieser Bezeichnung genannt wird. Dies deutet darauf hin, daß mit dem Ausscheiden der Kapitalanlagegesellschaft keine grundlegenden Veränderungen eintreten. Besonders deutlich wird das im Fall von § 14 Abs. 2 S. 2. Danach bedarf es lediglich einer anderen Kapitalanlagegesellschaft, welcher die Depotbank „die Verwaltung des Sondervermögens nach Maßgabe der bisherigen Vertragsbedingungen überträgt", um das investmentrechtliche Dreiecksverhältnis, bestehend aus der Depotbank, den Anteilinhabern und der neuen Kapitalanlagegesellschaft, wiederherzustellen.

Die diversen Einzelfragen, die hierbei auftreten, werden an späterer Stelle[30] eingehend behandelt.

Hier im Zusammenhang mit der Erörterung der Frage, welche Anhaltspunkte das KAGG darüber enthält, daß der Depotbank in Abweichung vom Wortlaut des § 12 Abs. 1 S. 1 das Recht und die Pflicht zur Verwahrung des

---

[29] Wie Steder, in: Investment-Handbuch 425, § 13, Rz. 11, und Baur, Investmentgesetze, S. 195, zutreffend ausführen, ist das Kündigungsrecht nach § 13 Abs. 4 auch dann gegeben, wenn das Bundesaufsichtsamt für das Kreditwesen der Kapitalanlagegesellschaft gemäß § 38 Abs. 1 KWG die Erlaubnis zum Betrieb des Investmentgeschäfts entzieht, da sich die Kapitalanlagegesellschaft dann infolge der Erlaubnisrücknahme jeder Verwaltungsmaßnahme zu enthalten hat, was wegen des auf das Investmentgeschäft beschränkten Gesellschaftszweckes im Ergebnis einer Auflösung gleichkommt.

[30] Vgl. unten Teil 3.

C. Die Rechtsstellung der Depotbank

Sondervermögens unmittelbar durch das Gesetz zugewiesen werden, ist festzuhalten, daß § 13 lediglich auf die Auflösung des zwischen der Kapitalanlagegesellschaft und den Anteilinhabern bestehenden Vertrages eingeht, aber die Rechtsbeziehungen der Kapitalanlagegesellschaft zur Depotbank nicht anspricht.

Auch die Verwahrung des Sondevermögens wird weder erwähnt noch in die Bestimmungen des § 14 Abs. 1 über die Regelung der Folgen des Ausscheidens der Kapitalanlagegesellschaft miteinbezogen. Die Tatsache, daß der Gesetzgeber trotz einer so grundlegenden Veränderung innerhalb des Dreiecksverhältnisses keinen Regelungsbedarf sieht, legt angesichts des hohen Stellenwertes, der der Verwahrung des Sondervermögens durch die Depotbank im Rahmen der parlamentarischen Beratungen des KAGG beigemessen wurde,[31] den Schluß nahe, daß die Schutzfunktion, die die Depotbank bei der Verwahrung des Sondervermögens ausübt, nicht ihren Beziehungen zur Kapitalanlagegesellschaft, sondern vielmehr dem Komplex der gesetzlichen Depotbankaufgaben zuzurechnen ist, der, von § 12 Abs. 1 S. 1 und § 1 Abs. 1 abgesehen, ohnehin alle Schutzaufgaben umfaßt. Diese Schlußfolgerung wird durch die Regelung, die § 14 Abs. 2 S. 2 für den Fall der Einschaltung einer neuen Depotbank trifft, bestätigt.

Die Vorschrift des § 14 Abs. 2 S. 2 stellt dabei vor allem deshalb ein besonders anschauliches Beispiel dar, weil es in diesem Falle die Depotbank ist, die in Umkehr der Vorschrift des § 12 Abs. 1 S. 1 die Kapitalanlagegesellschaft „beauftragt".

Wie der Wortlaut des § 14 Abs. 2 S. 2 zeigt, sind zur Wiederherstellung des Investmentdreiecks lediglich vertragliche Absprachen darüber notwendig, daß die bisherigen Vertragsbedingungen auch im Verhältnis der Anteilinhaber zur neuen Kapitalanlagegesellschaft unverändert zur Anwendung kommen.

Die Rechtsbeziehungen der Depotbank zur neuen Kapitalanlagegesellschaft werden, wie bereits zuvor beim Ausscheiden der früheren Kapitalanlagegesellschaft, ebensowenig angesprochen, wie die Verwahrung des Sondervermögens.

Bei der Würdigung dieser Feststellungen ist zusätzlich zu berücksichtigen, daß die Depotbank das Sondervermögen während der Interimszeit unverändert weiter verwahrt. Als Rechtsgrund für diese ununterbrochene Verwahrungstätigkeit ist die Annahme, daß die Depotbank bis zum Ausscheiden der Kapitalanlagegesellschaft entsprechend dem Wortlaut des § 12 Abs. 1 S. 1 aufgrund eines Vertrages mit der Kapitalanlagegesellschaft verwahrt, danach aufgrund der Regelung des § 14 Abs. 1 kraft Gesetzes weiter verwahrt,

---

[31] Vgl. Bundestagsdrucksache, 2. Wahlperiode, Nr. 2973, S. 3.

um dann im Falle der Einschaltung einer neuen Kapitalanlagegesellschaft mit dieser einen im KAGG nicht geregelten Vertrag über die Fortsetzung der bisherigen Verwahrung zu schließen, nicht näher in Betracht zu ziehen. Eine solche Konstruktion ist zwar theoretisch denkbar, aber sie ist mit dem Schutzzweck, der mit der Verwahrungsaufgabe der Depotbank verfolgt wird, nicht zu vereinbaren. Bei der Bedeutung, die dieser Tätigkeit im Rahmen des Schutzes der Anteilinhaber zukommt, muß das Schweigen des Gesetzgebers zur Ausgestaltung der Rechtsbeziehungen der Depotbank zur neuen Kapitalanlagegesellschaft und hier vor allem zur Frage der Verwahrung anders gedeutet werden.

Die Regelungen der §§ 13 und 14 sind als Ausdruck einer eigenständigen und rechtlich von der Kapitalanlagegesellschaft unabhängigen Stellung der Depotbank zu sehen.[32] Bezeichnend hierfür ist die Tatsache, daß die Kapitalanlagegesellschaft nach § 13 Abs. 1 S. 1 unter Einhaltung einer bemerkenswert kurzen Kündigungsfrist von nur drei Monaten aus dem Rechtsverhältnis mit den Anteilinhabern ausscheiden kann und daß es dann nach § 14 Abs. 1 und 2 die Aufgabe der Depotbank ist, die alleinige Verantwortung für das Sondervermögen zu übernehmen und dafür zu sorgen, daß entweder eine neue Kapitalanlagegesellschaft die Verwaltung übernimmt oder aber die von der Kapitalanlagegesellschaft wertpapiermäßig verbrieften Ansprüche der Anteilinhaber (§ 14 Abs. 1 S. 1) im Rahmen der Abwicklung gewahrt werden.

Daß das KAGG der Kapitalanlagegesellschaft erlaubt, sich aus allen Verpflichtungen, sogar aus den Pflichten eines Ausstellers von Wertpapieren, mittels einer einfachen Kündigung zu lösen, ist nur damit zu erklären, daß es der Depotbank eine Rechtsstellung zuweist, die von der Kapitalanlagegesellschaft und von der Frage der Wirksamkeit oder Unwirksamkeit eines mit ihre geschlossenen Vertrages unabhängig ist. Diese Unabhängigkeit zeigt sich darin, daß die Depotbank auch in bezug auf die § 12 Abs. 1 S. 1 geregelten Aufgaben originäre Befugnisse wahrnimmt.

Die Stellung, die sie damit der Kapitalanlagegesellschaft gegenüber einnimmt, entspricht derjenigen, die die Treuhänder anderer Gesetze innehaben.

c) Die Rechtsstellung des Hypothekenbanktreuhänders,
des Schiffsbanktreuhänders, des Deckungsstocktreuhänders und
des Vertrauensmannes nach dem Bausparkassengesetz

Eine ausschließlich durch das Gesetz bestimmte Schutzfunktion üben der Hypothekenbanktreuhänder und der Schiffsbanktreuhänder nach §§ 29 ff.

---

[32] Vgl. unten Teil 3.

C. Die Rechtsstellung der Depotbank 77

HypBG und §§ 28 ff. SchiffsbankG[33] sowie der Deckungsstocktreuhänder nach §§ 70 ff. VAG und schließlich auch den Vertrauensmann gemäß § 12 BauspKG aus. Ihnen wird zum Schutz der Pfandbriefinhaber, Versicherungsnehmer und Bausparer eine Funktion zugewiesen, die mit derjenigen vergleichbar ist, die die Depotbank einnimmt.

In allen Fällen steht einer Vielzahl von Privatpersonen, die nicht organisiert sind und in keinem Kontakt zueinander stehen, eine Institution gegenüber, die für sie Vermögen verwaltet bzw. Vermögensinteressen wahrnimmt. Den Einfluß- und Kontrollmöglichkeiten des einzelnen steht die Tatsache entgegen, daß es sich um sogenannte Massendienstleistungen handelt, die soweit standardisiert sind, daß für individuelle Vertragsgestaltungen kein Raum mehr ist. Die Interessenwahrung durch Vertreter, die für alle Beteiligten handeln, scheitert an der fehlenden Organisation und, wie der ohne Resonanz gebliebene Versuch der Union-Investment-Gesellschaft mit der Einrichtung einer Anteilinhaberversammlung zeigt,[34] vielfach auch daran, daß kein Interesse an einer Mitwirkung besteht. Daß solch mangelndes Interesse nicht erst eine Erscheinung unserer Tage ist, zeigt die Diskussion bei der Verabschiedung des Hypothekenbankgesetzes im Jahre 1899. Von der ursprünglich vorgesehenen Versammlung der Pfandbriefgläubiger wurde Abstand genommen, um bei dem zu erwartenden geringen Interesse der Pfandbriefgläubiger zu verhindern, „daß es der Bank möglich sei, die wenigen Teilnehmer an der Versammlung zu Gunsten der Wahl einer bestimmten Persönlichkeit zu beeinflussen".[35] Statt dessen wurde zusätzlich zur staatlichen Aufsicht die Bestellung eines Treuhänders vorgesehen, der, ohne Vertreter der Pfandbriefgläubiger zu sein, deren Interessen zu schützen hat.[36]

Die Aufgabe des Hypothekenbanktreuhänders, darauf zu achten, daß die in § 6 HypBG vorgeschriebene Deckung aller im Umlauf befindlichen Pfandbriefe durch Hypotheken in gleicher Höhe und mit mindestens gleichem Zinssatz jederzeit gegeben ist, entspricht in ihrem Wesen der Aufgabe der Depotbank, dafür zu sorgen, daß der Gegenwert für die ausgegebenen Anteilscheine in das Sondervermögen gelangt und dort erhalten bleibt. Auch das Mittel, das das Hypothekenbankgesetz dem Treuhänder zur wirksamen Erfüllung seiner Aufgabe an die Hand gibt, ist das gleiche, das auch der

---

[33] Gesetz über Schiffspfandbriefbanken (Schiffsbankgesetz) vom 14. August 1933 (RGBl. I, S. 583) in der im Bundesgesetzblatt, Teil III, Gliederungsnummer 7628-2, veröffentlichten bereinigten Fassung, zuletzt geändert durch Artikel 2 des ersten Rechtsbereinigungsgesetzes vom 24. April 1986 (BGBl. I, S. 560).

[34] Vgl. Baur, Investmentgesetze, S. 165.

[35] Wille, Die Rechtsstellung des Treuhänders im Hypothekenbankgesetz, S. 19.

[36] Praxl, Der Treuhänder nach dem Hypothekenbankgesetz und die Aufsichtsbehörde, S. 101 ff. — Hofmann, § 29 HypBG, Rz. 6.

Depotbank zur Verfügung steht, nämlich die Verwahrung, und zwar verbunden mit genauen Anweisungen, unter welchen Voraussetzungen Verfügungen über die verwahrten Vermögensgegenstände zuzulassen sind. Gemäß § 31 HypBG hat der Treuhänder alle Werte bzw. alle Urkunden über die Werte, die der Sicherung der Gläubigerstellung der Pfandbriefinhaber dienen, unter dem Mitverschluß der Hypothekenbank zu verwahren.

In der gleichen Weise sichert der Gesetzgeber nicht nur die Inhaber von Schiffspfandbriefen (§§ 29 und 30 SchiffsbankG), sondern auch alle Versicherungsnehmer bei den Versicherungsarten, für die, wie im Falle der Lebensversicherungen, die Einrichtung eines Deckungsstockes vorgeschrieben ist. Bei einem Deckungsstock handelt es sich um ein Sondervermögen, in dem zur Deckung von Versicherungsleistungen werthaltige Vermögensgegenstände wie ertragbringende Grundstücke, Hypotheken sowie ausgesuchte Wertpapiere und Schuldscheindarlehen angesammelt werden[37] (§§ 65-69 VAG). Die Bestände des Deckungsstockes sind nach § 66 Abs. 6 einzeln in ein Verzeichnis einzutragen. Gemäß § 72 Abs. 2 VAG hat der Treuhänder „besonders die Bestände des Deckungsstocks unter Mitverschluß der Versicherungsunternehmung zu verwahren. Er darf die Bestände nur herausgeben, soweit es dieses Gesetz gestattet; doch gelten entsprechend § 31 Abs. 2, 3 des Hypothekenbankgesetzes."

Diese Verweisung des VAG auf die Treuhänderbestimmungen des Hypothekenbankgesetzes bestätigt noch einmal, was aufgrund des übereinstimmenden Schutzzweckes bereits erkennbar ist, daß es sich um ein in den verschiedenen Gesetzen durchgängig angewandtes Schutzprinzip handelt. In diesen Kreis ist auch der Vertrauensmann einzubeziehen, der nach § 12 Abs. 2 BauspKG die Einhaltung der Bestimmungen über die Zuteilung von Bausparmitteln zu überwachen hat. Seine Tätigkeit unterscheidet sich von derjenigen der Treuhänder dadurch, daß er von sich aus Prüfungshandlungen vornehmen muß, aber keine Verfügungen zu überwachen hat, da er in die Abwicklung laufender Geschäftsvorfälle nicht unmittelbar eingebunden ist.

Vergleicht man vor dem Hintergrund dieser in ihrem Zweck übereinstimmenden Schutzaufgaben die Rechtsstellung, die die jeweils zur Interessenwahrung Berufenen einnehmen, so ergibt sich, daß die Rechtsquelle ihrer Befugnis in allen Fällen die jeweiligen Gesetze sind.

So nimmt der Hypothekenbanktreuhänder eine unmittelbar durch § 29 Abs. 3 S. 2 HypBG bestimmte Stellung ein. Er wird durch die Aufsichtsbehörde bestellt und abberufen (§ 29 Abs. 2 HypBG). Diese erläßt nach Anhörung der Beteiligten einen rechtsgestaltenden Verwaltungsakt, der wegen

---

[37] Siehe hierzu: Lobscheid, Der Treuhänder für das Deckungskapital privater Versicherungsunternehmen, S. 16. — Goldberg/Müller, § 65 VAG, Rz. 10.

C. Die Rechtsstellung der Depotbank 79

der Einwilligung des Betroffenen mitwirkungsbedürftig ist, aber formlos ergeht.[38] Aufgrund dieses Verwaltungsaktes wird der Treuhänder nicht etwa in ein Abhängigkeitsverhältnis zur Aufsichtsbehörde gestellt oder gar in ein öffentliches Amt berufen, sondern er erlangt vielmehr nach heute allgemein vertretener Ansicht eine Rechtsstellung, die sich allein nach dem Hypothekenbankgesetz bestimmt und durch die völlige Unabhängigkeit gegenüber der Aufsichtsbehörde, der Hypothekenbank und den Pfandbriefinhabern gekennzeichnet ist.[39] Seine unabhängige Stellung ergibt sich daraus, daß er keine abgeleiteten, sondern originäre Rechte wahrnimmt.[40]

Da die Aufgabe des Treuhänders nach dem Schiffsbankgesetz in allen Punkten derjenigen des Hypothekenbanktreuhänders entspricht, gelten die vorstehenden Ausführungen für ihn entsprechend. Seine unmittelbar aus den §§ 29 ff. SchiffsBG abgeleitete, von allen Beteiligten unabhängige Rechtsstellung wird nicht in Zweifel gezogen.[41]

Gleiches gilt für den Vertrauensmann nach § 12 BauspKG.[42] Seine ebenfalls von der Aufsichtsbehörde, von den Bausparern und von der Bausparkasse unabhängige Stellung sowie seine unmittelbar durch das Gesetz bestimmten Rechte und Pflichten werden in der amtlichen Begründung zu § 12 des Gesetzes über Bausparkassen[43] ausführlich erläutert.

Auch die Rechtsstellung des Deckungsstocktreuhänders wird nach mehrheitlich vertretener Meinung[44] ausschließlich durch Befugnisse bestimmt, die ihm nach dem VAG originär zustehen. Da seine Bestellung durch den Aufsichtsrat bzw. bei kleineren Versicherungsvereinen durch den Vorstand

---

[38] Praxl, Der Treuhänder nach dem Hypothekenbankgesetz und die Aufsichtsbehörde, S. 38 ff. (42). — Bellinger/Kerl, § 29 HypBG, Anm. 7 und 10. — Hofmann, § 29 HypBG, Rz. 28-31.

[39] Praxl, a.a.O., S. 143. — Wille, Die Rechtsstellung des Treuhänders im Hypothekenbankgesetz, S. 54. — Drechsler, Die Sicherung der Pfandbriefgläubiger, S. 126. — Bellinger/Kerl, a.a.O., Anm. 11 und 12. — Hofmann, a.a.O., Rz. 7- — Barlet/Karding, § 29 HypBG, Anm. 4. — a.A.: Goeppert, § 29 HypBG, Anm. 1, der nach älterem Recht ein auftragsähnliches Verhältnis und eine Weisungsbefugnis der Aufsichtsbehörde annahm, was jedoch durch den im Jahre 1963 eingefügten § 29 Abs. 3 S. 2 ausdrücklich ausgeschlossen ist.

[40] Praxl, a.a.O., S. 102. — Hofmann, a.a.O., § 29, Rz. 6.

[41] Vgl. Prause, Das Recht des Schiffskredits, S. 259.

[42] Vgl. Lehmann/Schäfer, Bausparkassengesetz und Bausparkassenordnung, § 12 BauspKG, Anm. 2.

[43] Bundestagsdrucksache, 6. Wahlperiode, 1900, S. 27.

[44] Vgl. Lobscheid, a.a.O., S. 59 ff. — Praxl, a.a.O., S. 137. — Goldberg/Müller, § 71 VAG, Rz. 2. — Koch, Der Treuhänder nach dem Versicherungsaufsichtsgesetz vom 6. Juni 1931, S. 33 ff. — Spohr, Die Rechtsstellung des Treuhänders nach dem Gesetz über die Beaufsichtigung der privaten Versicherungsunternehmungen und Bausparkassen, Juristische Rundschau für die Privatversicherung, 1934, S. 369 (371). — BFH 65, 515 (516).

des Versicherungsunternehmens erfolgt (§ 71 Abs. 1 VAG), wird jedoch von einem Teil des Schrifttums[45] der Standpunkt vertreten, daß der Deckungsstocktreuhänder seine Rechte und Pflichten aus einem Auftrag (§§ 662 ff. BGB) bzw. im Falle einer Bezahlung[46] durch das Versicherungsunternehmen aus einem auf eine Geschäftsbesorgung ausgerichteten Dienstvertrag (§§ 675, 611 ff. BGB) ableitet.

In den Begründungen, die für die jeweiligen Standpunkte angeführt werden, spiegelt sich der Widerspruch zwischen dem Wortlaut und dem Schutzzweck der §§ 70 und 71 VAG in der gleichen Weise wider, in der diese Problematik zuvor bereits im Zusammenhang mit § 12 Abs. 1 S. 1 KAGG erkennbar geworden ist.

Von den Befürwortern einer allein auf gesetzlicher Zuweisung beruhenden Rechtsstellung des Deckungsstocktreuhänders wird geltend gemacht, daß das Charakteristische seiner Tätigkeit gerade darin zu sehen ist, bei Fehlern und Verstößen einzugreifen und seine abweichende Auffassung durchzustehen, auch wenn das Versicherungsunternehmen anderer Ansicht ist. Die hierzu notwendige Unabhängigkeit sei im Rahmen eines Auftragsverhältnisses oder eines Dienstvertrages nicht gegeben.[47] Darüber hinaus wird darauf hingewiesen,[48] daß die in § 70 VAG vorgeschriebene Überwachung des Deckungsstocks durch einen Treuhänder eine Tätigkeit darstellt, die außerhalb des Aufgabenbereichs des Versicherungsunternehmens liegt, zumal sie erst im Rahmen der Novellierung des VAG im Jahre 1931[49] zur Unterbindung aufgetretener Verletzungen von Deckungsstockvorschriften in Anlehnung an die Schutzfunktion des Hypothekenbanktreuhänders eingeführt worden ist. Außerdem wird geltend gemacht, daß der Schutzzweck, den der Deckungsstocktreuhänder zu erfüllen habe, dem des Pflegers entspreche, der nach § 78 VAG im Falle des Konkurses des Versicherungsunternehmens anstelle des Deckungsstocktreuhänders aufgrund gesetzlicher Befugnisse die Interessen der Versicherten zu vertreten habe.[50]

Von den Vertretern der Gegenmeinung geben Berliner/Fromm[51] keine Begründung für die Annahme eines Auftrages bzw. eines Dienstvertrages. Koenige/Petersen/Wirth[52] schließen ohne nähere Untersuchung aus dem

---

[45] Prölss/Schmidt/Frey, § 71 VAG, Anm. 5. — Berliner/Fromm, § 71 VAG, Anm. 1c. — Koenige/Petersen/Wirth, § 71 VAG, Anm. 4.

[46] Die Zahlung einer Vergütung ist im VAG nicht geregelt, jedoch vielfach üblich; vgl. hierzu von der Thüsen, in: Juristische Rundschau für die Privatversicherung, 1936, S. 145 (147), und Prölss/Schmidt/Frey, § 71 VAG, Rz. 5 a.E.

[47] So von der Thüsen, a.a.O., S. 146. — Lobscheid, a.a.O., S. 54.

[48] Koch, a.a.O., S. 33.

[49] Siehe hierzu Reichstagsdrucksache, 5. Wahlperiode 1930, Nr. 848, S. 19.

[50] Spohr, a.a.O., S. 370.

[51] a.a.O., Anm. 1c.

[52] a.a.O., Anm. 4-6.

C. Die Rechtsstellung der Depotbank 81

Umstand, daß der Deckungsstocktreuhänder durch ein Organ des Versicherungsunternehmens bestellt wird, auf eine durch einen Auftrag oder einen Dienstvertrag begründete Rechtsstellung.

Lediglich Prölss/Schmidt/Frey[53] setzen sich detailliert mit der Frage auseinander, ob sich die Pflichten, die der Deckungsstocktreuhänder wahrzunehmen hat, mit den Pflichten vereinbaren lassen, die sich nach §§ 611 ff. BGB aus einem Dienstvertrag ergeben. Sie stützen sich dabei auf das Argument, daß der Dienstvertrag, den das Versicherungsunternehmen ihrer Meinung nach mit dem Deckungsstocktreuhänder abschließt, einen gesetzlich fixierten Inhalt hat, der weitere Pflichten, insbesondere die Pflicht, Weisungen des Auftraggebers zu befolgen, ausschließt. Auf die sich aus dieser Art der Argumentation ergebende Frage, ob bei einem so weitgehenden Ausschluß von Weisungsrechten und Treuepflichten überhaupt noch ein Dienstvertrag vorliegt, gehen Prölss/Schmidt/Frey nicht ein. Sie verweisen statt dessen darauf, daß auch der Wirtschaftsprüfer, dessen Bestellung mit der des Deckungsstocktreuhänders vergleichbar sei, in einem Dienstvertragsverhältnis zum Versicherungsunternehmen stehe. Schließlich machen sie geltend, daß die Gegenmeinung nicht in der Lage sei darzulegen, auf welchem anderen Rechtsverhältnis das Amt des Treuhänders beruhen könnte als auf einem Dienstvertrag.

Mit dem letztgenannten Hinweis beziehen sich Prölss/Schmidt/Frey auf die zum Teil unterschiedlichen Standpunkte, die die Vertreter der herrschenden Meinung in bezug auf die Beurteilung der Rechtsbeziehungen des Versicherungsunternehmens zum Deckungsstocktreuhänder und auch bezüglich des öffentlichen oder privaten Charakters seiner Rechtsstellung einnehmen,[54] nachdem diese zuvor jedoch übereinstimmend zu der Feststellung gelangt sind, daß in der in § 71 Abs. 1 S. 1 VAG geregelten Bestellung des Deckungsstocktreuhänders durch den Aufsichtsrat nicht die Rechtsquelle seiner Schutzbefugnisse zu sehen ist.

Auf die unterschiedlichen Schlußfolgerungen, die in der Literatur im Anschluß an die Feststellung gezogen werden, daß der Deckungsstocktreuhänder originäre Befugnisse ausübt, ist hier nicht näher einzugehen.

Wesentlich für den Vergleich der Rechtsstellung der Depotbank mit der des Deckungsstocktreuhänders ist die Tatsache, daß sich der Gesetzgeber bei der nachträglichen Aufnahme dieses Kontrollorgans in das VAG an der Institution des Hypothekenbanktreuhänders orientiert hat,[55] was aufgrund des Zweckes, der mit der Einsetzung dieser Treuhänder verfolgt wird, dafür

---
[53] a.a.O., Rz. 5.
[54] Einen Überblick über die von den verschiedenen Autoren im einzelnen vertretenen Meinungen geben Prölss/Schmidt/Frey in Rz. 5 zu § 71 VAG.
[55] Siehe Reichstagsdrucksache, 5. Wahlperiode 1930, Nr. 848, S. 19.

spricht, daß auch der Deckungsstocktreuhänder gesetzliche Befugnisse ausübt.

Die von Prölss/Schmidt/Frey für die von ihnen vertretene Gegenansicht vorgetragene Begründung vermag nicht zu überzeugen. Für die Beantwortung der Frage, ob der Deckungsstocktreuhänder originäre Befugnisse oder Befugnisse aus einem Vertrag mit dem Versicherungsunternehmen ausübt, sind nicht die Formalien seiner Bestellung ausschlaggebend. Es kommt vielmehr darauf an, ob dem Versicherungsunternehmen durch §71 VAG über das formale Recht zur Bestellung des Deckungsstocktreuhänders hinaus eine Rechtsstellung eingeräumt wird, durch die es in die Lage versetzt wird, dem Deckungsstocktreuhänder Kontrollbefugnisse zu übertragen. Dies ist in Übereinstimmung mit der ganz überwiegend vertretenen Meinung[56] zu verneinen.

Als Ergebnis der vergleichenden Gegenüberstellung der Aufgaben und der Rechtsstellung des Hypothekenbanktreuhänders, des Schiffsbanktreuhänders, des Vertrauensmannes und des Deckungsstocktreuhänders kann somit festgestellt werden, daß sie alle eine vergleichbare Schutzfunktion wahrnehmen, und zwar aus einer Rechtsstellung heraus, in die sie auf unterschiedliche Weise berufen werden, die aber in allen Fällen übereinstimmend dadurch gekennzeichnet ist, daß ihre Rechte und Pflichten unmittelbar durch die jeweiligen Gesetze und nicht durch vertragliche Vereinbarungen begründet werden.

Da diese Feststellungen gleichermaßen auch für die Depotbank gelten, kann von einem einheitlich für alle Formen des kollektiven Sparens und Vermögensbildens gültigen Schutzprinzip gesprochen werden.

d) Zwischenergebnis

Die bisherigen Untersuchungen der Rechtsbeziehungen zwischen der Kapitalanlagegesellschaft und der Depotbank haben gezeigt, daß das KAGG die Rollen innerhalb des Investment-Dreiecks anders verteilt, als dies bislang angenommen wurde. Diese Feststellung bezieht sich vor allem auf die Stellung der Depotbank. Sie wird auch dort in einer gesetzlichen Schutzfunktion tätig, wo sie, wie im Falle der Verwahrung, Dienstleistungen erbringt, die an sich zu den typischen Bankdienstleistungen zählen.

Aus diesem Grunde ist in der Vorschrift des § 12 Abs. 1 S. 1 abweichend von dem Standpunkt, der von der ganz überwiegenden Zahl der Autoren

---

[56] Koch, a.a.O., S. 33 ff. — Spohr, a.a.O., S. 371. — Lobscheid, a.a.O., S. 59 ff. — Praxl, a.a.O., S. 137. — Goldberg/Müller, § 71 VAG, Rz. 2.

C. Die Rechtsstellung der Depotbank

vertreten wird, kein Gebot zum Abschluß eines auf eine Verwahrungstätigkeit gerichteten Vertrages zu sehen.

Der Zweck dieser Vorschrift besteht nicht darin, der Kapitalanlagegesellschaft die Mitarbeit der Depotbank zu sichern und diese zu einer Verwahrungstätigkeit zugunsten der Kapitalanlagegesellschaft zu verpflichten. Die Vorschrift des § 12 Abs. 1 S. 1 richtet sich vielmehr in Form einer Zuständigkeitsanordnung an die Kapitalanlagegesellschaft und schreibt ihr bindend vor, alle verwahrungsfähigen Gegenstände des Sondervermögens der Depotbank anzuvertrauen, die für deren Verwahrung ausschließlich zuständig ist. Ohne eine solche Regelung wäre die Kapitalanlagegesellschaft in der Lage, eine Vielzahl von Banken in die in § 12 Abs. 1 S. 1 geregelten Aufgaben einzuschalten. Um dies zu verhindern, richtet der Gesetzgeber an die Adresse der Kapitalanlagegesellschaft das Gebot, die ausschließliche Zuständigkeit der Depotbank zu beachten, was als wesentliche Voraussetzung für den lückenlosen Schutz des Sondervermögens durch die Depotbank anzusehen ist, da die Vorschriften über die Einrichtung von besonderen Sperrkonten und über die Verpflichtung der Depotbank, dafür zu sorgen, daß alle Vermögensgegenstände in ihre Verwahrung gelangen, letztlich ins Leere laufen würden, wenn nicht der Kapitalanlagegesellschaft die Verpflichtung auferlegt wird, sich an die Zuständigkeit der Depotbank zu halten.

Immanenter Bestandteil dieser Zuständigkeitsregeln des § 12 Abs. 1 S. 1 sind die den Pflichten der Kapitalanlagegesellschaft entsprechenden Rechte der Depotbank, die sie legitimieren, die Verwahrung und die anderen Aufgaben auszuführen.

Somit übt die Depotbank die in § 12 Abs. 1 S. 1 und auch in § 31 Abs. 1 geregelten Tätigkeiten in der gleichen Weise aufgrund originärer Befugnisse aus, in der sie auch alle übrigen Kontroll- und Schutzaufgaben, wie z. B. die in § 12 Abs. 8 und § 25g Abs. 1 S. 1 geregelten, wahrnimmt.

Diese Interpretation der §§ 12 Abs. 1 S. 1 und 31 Abs. 1 wird durch eine Reihe von Anhaltspunkten gestützt.

An erster Stelle ist der Schutzzweck zu nennen, der von der zu einem umfassenden Kontrollinstrument umgestalteten Verwahrungstätigkeit der Depotbank ausgeht. Diesem Schutzzweck würde es widersprechen, wenn die Verwahrungsfunktion der Depotbank zum Gegenstand vertraglicher Absprachen mit der Kapitalanlagegesellschaft würde. Auch die von einigen Autoren[57] vorgenommene Unterscheidung zwischen vertraglichen und gesetzlichen Schutzpflichtigen der Depotbank ist mit dem Schutzzweck, der die diversen Einzelaufgaben zu Bestandteilen eines einheitlichen Schutzsystems werden läßt, nicht zu vereinbaren. Schließlich wird die Feststellung,

---

[57] Ebner von Eschenbach, a.a.O., S. 140. — Schäcker, a.a.O., S. 125. — Wendt, a.a.O., S. 103 ff.

daß die Depotbank die Verwahrung kraft originärer Befugnisse durchzuführen hat, durch die in den §§ 13 und 14 getroffenen Regelungen und durch die Rechtsstellung vergleichbarer Treuhänder erhärtet.

Die Untersuchung der zwischen der Kapitalanlagegesellschaft und der Depotbank bestehenden Rechtsbeziehungen hat außerdem gezeigt, daß der KAGG-Gesetzgeber das Investmentsparen nicht als die alleinige Angelegenheit der Kapitalanlagegesellschaft ansieht. Die Tatsache, daß sich die Kapitalanlagegesellschaft unter Einhaltung einer kurzen Kündigungsfrist sowohl aus dem Investmentvertrag als auch aus den Pflichten als Aussteller der Anteilscheine lösen kann (§ 13 Abs. 1), wonach es dann die Aufgabe der Depotbank ist, eine andere Kapitalanlagegesellschaft einzuschalten oder die Abwicklung durchzuführen, ist als Anhaltspunkt dafür zu werten, daß das KAGG von zwei Leistungsträgern ausgeht, die eigenständige Beiträge zu erbringen haben. Daraus folgt, daß die Rechtsbeziehungen der Depotbank zu der Kapitalanlagegesellschaft nicht dadurch gekennzeichnet sein können, daß die Depotbank die Kapitalanlagetätigkeit im Rahmen des Austausches von Leistung und Gegenleistung fördert. Sie hat vielmehr ihren Beitrag zum Investmentsparen gleichgewichtig neben der Kapitalanlagegesellschaft zu erbringen. Diese Feststellung ist wesentlich für die Beantwortung der Frage nach dem Inhalt und Umfang der Rechtsbeziehungen, die die Zusammenarbeit zwischen den beiden Trägern des Investmentsparens regeln.

2. Die Vertragsbedingungen als Grundlage der Zusammenarbeit zwischen der Depotbank und der Kapitalanlagegesellschaft

Die Regelung des § 12 Abs. 1 S. 3, wonach die Kapitalanlagegesellschaft die Auswahl der Depotbank zwei Wochen vor Abschluß des nicht näher bezeichneten Vertrages der Bankaufsichtsbehörde anzuzeigen hat, bedeutet, daß die Kapitalanlagegesellschaft sich mit der als Depotbank in Aussicht genommenen Bank über alle Einzelfragen der Zusammenarbeit verständigt haben muß, bevor sie deren Auswahl anzeigen kann. Da zu den Einzelfragen der Zusammenarbeit eine Reihe von Punkten zählt, die gemäß § 15 Abs. 3 in den Vertragsbedingungen gegenüber den Anteilinhabern offengelegt werden müssen, kann die Kapitalanlagegesellschaft auch die Vertragsbedingungen erst dann der Bankaufsichtsbehörde zur Genehmigung vorlegen, wenn sie mit der Depotbank Einigkeit über deren Inhalt erzielt hat.

Gegenstand dieses Abstimmungsprozesses ist beispielsweise die Frage, welche Vermögensgegenstände für das Sondervermögen erworben werden sollen.

Die Depotbank wird sich im Hinblick auf die Verantwortung, die sie im Rahmen ihrer Verwahrungstätigkeit zu tragen hat, sehr genau die Grundsätze erläutern lassen, nach denen gemäß § 15 Abs. 3 lit. a die Auswahl der für das Sondervermögen anzuschaffenden Wertpapiere erfolgen soll. Schließlich ist es bei deren Verwahrung und der damit verbundenen Kontrolle der Kapitalanlagegesellschaft schon von Bedeutung, ob es sich um in- oder ausländische Werte handelt. In noch stärkerem Maße spielt dieser Aspekt bei Grundstücks-Sondervermögen eine Rolle. Bei der Entscheidung der Frage, ob auch ausländische Grundstücke erworben werden sollen (§ 27 Abs. 2 Ziff. 2), wird sich die Depotbank wegen der Verpflichtung, den Bestand zu überwachen und dafür zu sorgen, daß auch alle Mieten in ihre Verwahrung gelangen, nicht von der Kapitalanlagegesellschaft in unüberschaubare Situationen bringen lassen.

Was die Abstimmung über die Bemessung der Vergütung der Depotbank anbetrifft, so liegt es in der Natur der Sache, daß die Höhe dieser Vergütung nicht gänzlich losgelöst von der Höhe der Vergütung der Kapitalanlagegesellschaft festgelegt wird. Jeder der beiden Partner wird darauf achten, daß die seiner Meinung nach richtigen Relationen gewahrt werden. Da gemäß § 12 Abs. 7 die Bezahlung in beiden Fällen aus dem Sondervermögen erfolgt, stellen die Gespräche keine Verhandlung über Leistungen und Gegenleistungen dar. Die Abstimmung bezieht sich vielmehr darauf, festzulegen, welche Kosten den Anteilinhabern im Hinblick auf den eigenen Arbeitsaufwand, aber auch unter Berücksichtigung der Konkurrenzsituation am Markt in Rechnung gestellt werden können.

In der Verständigung darüber, was im Vergleich mit den Gebührenregelungen anderer Investmentgesellschaften für die Leistung als Kapitalanlagegesellschaft und für die Leistung als Depotbank als kaufmännisch vertretbar anzusehen ist, kommt das gemeinsame Interesse zum Ausdruck, mittels einer erfolgreichen Entwicklung des Sondervermögens Einnahmen in Form von Verwaltungs- bzw. Verwahrungsvergütungen zu erzielen. Aus den Mustervertragsvereinbarungen geht dies noch deutlicher hervor. Laut § 9 Abs. 1 und 2[1] erhalten die Kapitalanlagegesellschaft und die Depotbank eine Vergütung, die sich aus einem bestimmten Prozent- bzw. Promillesatz, bezogen auf den Wert des Sondervermögens, errechnet. Für beide Institute ist der Vergütungsanspruch also erfolgsbezogen.

Den Erfolg, d. h. die erfolgreiche Entwicklung des Sondervermögens, vermag jedoch keiner der beiden Partner allein aus eigener Kraft herbeizuführen. Aufgrund der Regelungen des § 12 Abs. 1 ist die Kapitalanlagegesellschaft darauf angewiesen, daß eine Bank als Depotbank die alleine ihr vorbehaltene Verwahrungstätigkeit ausübt und die Anteilscheine ausgibt. Die Depotbank darf ihrerseits kein Sondervermögen auflegen, da dies nach

---

[1] Vgl. die im Anhang abgedruckten Mustervertragsbedingungen für Wertpapier-Sondervermögen und wegen der Mustervertragsbedingungen für Grundstücks-Sondervermögen siehe oben Abschnitt B II 3, Fußnote 21.

§ 1 Abs. 1 solchen Gesellschaften vorbehalten ist, die die eng gefaßten Voraussetzungen einer Kapitalanlagegesellschaft erfüllen. Selbst dann, wenn das Sondervermögen bzw. dessen Verwaltung gemäß § 14 Abs. 1 auf die Depotbank übergegangen ist, hat sie nur die in § 14 Abs. 2 geregelten Möglichkeiten, eine andere Kapitalanlagegesellschaft einzuschalten oder aber das Sondervermögen abzuwickeln.[2]

Um also Einnahmen aus dem Investmentgeschäft zu erzielen, sind beide Partner darauf angewiesen, daß der jeweils andere Teil zur Zusammenarbeit bereit ist.

Diese Zusammenarbeit erfüllt jedoch nur dann die finanziellen Erwartungen, wenn dem Sondervermögen auch Einlagen zufließen. Das Interesse beider Partner ist also darauf gerichtet, daß ein reger Vertrieb von Anteilscheinen zu einem entsprechend hohen Zufluß von Einlagen und damit zu einer stetigen Erhöhung des Wertes des Sondervermögens führt.

Somit hat die Abstimmung zwischen der Kapitalanlagegesellschaft und der Depotbank über ihre Zusammenarbeit auch solche Punkte zum Gegenstand, die für die Verkäuflichkeit der Anteilscheine von Bedeutung sind. Ausschlaggebend für die Verkäuflichkeit der Anteilscheine ist zunächt die Zusammensetzung der Vermögenswerte, die für das Sondervermögen angeschafft werden sollen. Bei der Entscheidung darüber, ob beispielsweise Anteilscheine an einem aus in- oder ausländischen Aktien bestehenden Sondervermögen und innerhalb dieses Sektors des Kapitalmarktes eventuell Anteilscheine an einem auf Rohstoffwerte spezialisierten Sondervermögen angeboten werden sollen, spielt die Einschätzung der Kursentwicklung solcher Werte auf dem Kapitalmarkt und auch die Frage eine Rolle, wie ein solches Angebot von den Investmentsparern als Kleinsparer aufgenommen wird. Die Depotbank hat also die gemäß § 15 Abs. 3 lit. a in den Vertragsbedingungen anzugebenden Grundsätze der Anlagepolitik sowohl unter dem Gesichtspunkt ihrer Verantwortung als Verwahrer als auch unter dem Blickwinkel einer positiven Resonanz bei den Investmentsparern mitzuentscheiden.

Für die Verkäuflichkeit der Anteilscheine sind aber auch die finanziellen Konditionen entscheidend, zu denen die Anteilscheine angeboten werden. Aus diesem Grunde spielt die Höhe des Ausgabepreises (§ 21 Abs. 4) und vor allem die Höhe des Aufschlags eine Rolle, der zu dem Ausgabepreis zur Abdeckung der Vertriebskosten hinzugerechnet wird (§ 15 Abs. 3 lit. f). Dieser sogenannte Ausgabeaufschlag wird zwischen der Kapitalanlagegesellschaft und den Banken, die die Anteilscheine verkaufen, nach einem der freien Vereinbarung unterliegenden Schlüssel aufgeteilt.

---
[2] Baur, Investmentgesetze, S. 198. — Schäcker, Entwicklung und System des Investmentsparens, S. 66. — Siara/Tormann, Gesetz über Kapitalanlagegesellschaften, S. 53.

C. Die Rechtsstellung der Depotbank

Die Entscheidung darüber, ob beispielsweise die Höhe des Ausgabeaufschlags mit 3 % oder 5 % festgelegt wird, berührt die Frage der Verkäuflichkeit der Anteilscheine in nicht geringem Maße. Im Interesse eines raschen Wachstums des Sondervermögens ist es vorteilhaft, die Investmentsparer mit möglichst niedrigen Kosten zu belasten. Diesem Aspekt darf jedoch wiederum nicht so stark Rechnung getragen werden, daß die in den Vertrieb eingeschalteten Banken wegen zu geringer Einnahmen das Interesse verlieren.

Diese keineswegs abschließende Darstellung zeigt, wie stark sich der Inhalt der Vertragsbedingungen über die Rechtsbeziehungen der daran unmittelbar Beteiligten, nämlich der Kapitalanlagegesellschaft und der Anteilinhaber, hinaus auf den Inhalt der Rechtsbeziehungen der Kapitalanlagegesellschaft zur Depotbank auswirkt.

Für die Beurteilung der Rechtsbeziehungen der Kapitalanlagegesellschaft zur Depotbank ergibt sich daraus, daß in der Abstimmung über die Aussagen, die die Kapitalanlagegesellschaft in den Vertragsbedingungen über die Grundsätze der Auswahl der für das Sondervermögen anzuschaffenden Vermögenswerte (§ 15 Abs. 3 lit. a) macht, sowie in der gemeinsamen Festlegung der Kosten, die den Anteilscheinerwerbern in Rechnung gestellt werden (§ 15 Abs. 3 lit. f) und vor allem in der Entscheidung darüber, in welcher Höhe beide Partner das Sondervermögen mit ihren eigenen Vergütungen belasten, die Verfolgung eines die Einzelinteressen übergreifenden gemeinsamen Zweckes zum Ausdruck kommt. Die in jedem der genannten Einzelpunkte zu treffende Entscheidung gilt dem gemeinsam angestrebten Ziel, eine möglichst große Zahl von Anteilscheinerwerbern zu gewinnen.

Diese gemeinsame Zweckverfolgung ist möglich, weil der Gesetzgeber die Ausgestaltung des rein wirtschaftlichen Teils der Vertragsbedingung der Parteivereinbarung der Kapitalanlagegesellschaft und der Depotbank überläßt. Der Schutz der Anteilinhaber erfolgt in diesem Fall nicht durch das vorstehend eingehend behandelte System von Kontrollen, sondern durch die Einbeziehung marktwirtschaftlicher Wettbewerbselemente.

Um neben der Vielzahl der Anlegerschutzvorkehrungen auch die notwendigen Voraussetzungen für ein positives Ergebnis der Investmentsparens zu schaffen, wird die Eigeninitiative der Kapitalanlagegesellschaft und der Depotbank zum Vorteil der Anteilinhaber genutzt. Beiden wird in bezug auf die Anlagepolitik unternehmerischer Freiraum eingeräumt, was, bezogen auf die gesamte Investmentbranche, bedeutet, daß die Dienstleistungsangebote der verschiedenen Kapitalanlagegesellschaft und Depotbanken dem marktwirtschaftlichen Prinzip von Angebot und Nachfrage unterliegen.

Durch dieses Marktprinzip werden vor allem die in den Vertragsbedingungen offenzulegenden Kostenpositionen zugunsten der Anleger in engen Grenzen gehalten. Aufgrund der Konkurrenzsituation mit anderen Investmentgesellschaften werden die Kapitalanlagegesellschaft und die Depotbank zu Eigeninitiative und Kreativität gezwungen. Dieser Effekt wird noch dadurch verstärkt, daß die Gebühren für beide Institute erfolgsbezogen gestaltet werden.

Durch diese Art der Nutzung der Eigeninitiative der Kapitalanlagegesellschaft und der Depotbank zugunsten der Anteilinhaber wird die Ausgangslage dafür geschaffen, daß die Absprachen, die die Kapitalanlagegesellschaft und die Depotbank über ihre Zusammenarbeit treffen, eine Vereinbarung über die Verfolgung eines gemeinsamen Zweckes darstellen.

Da diese gemeinsame Zweckverfolgung darauf ausgerichtet ist, eine möglichst große Zahl von Anteilzeichnern für das Sondervermögen zu gewinnen, wird auf diesem Wege der Grundgedanke des Investmentsparens[3] verwirklicht, viele kleine Geldbeträge zu sammeln und so zusammenzufassen, daß bei deren Anlage die gleichen Vorteile erzielt werden, die bei der Anlage großer Geldbeträge erreicht werden.

3. Die Zusammenarbeit der Depotbank mit der Kapitalanlagegesellschaft im Rahmen einer Innengesellschaft

a) Der Gesellschaftsvertrag

Gemäß § 705 BGB ist die Gesellschaft bürgerlichen Rechts (GbR) eine auf Vertrag beruhende Verbindung zwischen zwei oder mehr Personen, die sich gegenseitig verpflichten, die Erreichung eines gemeinsamen Zweckes in der durch den Vertrag bestimmten Weise zu fördern.[4]

Ob die Beteiligten die Vereinbarungen, die sie treffen, als einen Gesellschaftsvertrag ansehen, ist unerheblich, da es für die rechtliche Beurteilung nur darauf ankommt, daß objektiv die Voraussetzungen einer Gesellschaft gegeben sind.[5]

---

[3] Vgl. oben Einleitung.

[4] Vgl. Ballerstedt, Der gemeinsame Zweck als Grundbegriff des Rechts der Personengesellschaften, JuS 1963, S. 253. — Fikentscher, Zu Begriff und Funktion des „gemeinsamen Zwecks" im Gesellschafts- und Kartellrecht, Festschrift für H. Westermann, S. 87 (105). — Soergel/Hadding, § 705 BGB, Rz. 1. — Staudinger/Keßler, § 705 BGB, Rz. 1.

[5] Vgl. Schulze-Osterloh, Der gemeinsame Zweck der Personalgesellschaften, S. 10. — Soergel/Hadding, § 705 BGB, Rz. 31. — BGHZ 31, 198 (201).

C. Die Rechtsstellung der Depotbank

Der gemeinsame Zweck, der nach § 705 BGB von den Gesellschaftern zu fördern ist, muß mit dem Endziel, das jeder Gesellschafter anstrebt, nicht identisch sein.[6] Die Tatsache, daß die Kapitalanlagegesellschaft und die Depotbank für sich selbst Gewinne erzielen wollen, steht deshalb der Förderung eines gemeinsamen Zweckes nicht entgegen. Der Tatbestand des gemeinsamen Zweckes ist auch dann gegeben, wenn ein gemeinsamer Vorzweck gefördert wird.[7]

Als ein solcher Vorzweck ist das von der Kapitalanlagegesellschaft und der Depotbank verfolgte Ziel anzusehen, über eine an den Bedingungen des Kapitalmarktes orientierte Gestaltung des wirtschaftlichen Inhalts der Vertragsbedingungen eine möglichst große Zahl von Anteilinhabern zu gewinnen, deren Einlagen zu einem möglichst hohen Wert des Sondervermögens führen.

Da das Volumen des Sondervermögens gleichermaßen Bemessungsgrundlage für die Höhe der Gebühren ist, die die Kapitalanlagegesellschaft und die Depotbank aus dem Sondervermögen erhalten (§ 12 Abs. 7), handelt es sich bei dem Zweck, den beide verfolgen, um einen gemeinsamen Zweck im Sinne des § 705 BGB.[8]

Dieser gemeinsame Zweck wird auch zum Vertragsinhalt erhoben, da sich die Absprachen der Kapitalanlagegesellschaft und der Depotbank über ihre Zusammenarbeit gerade auf die Gewinnung einer möglichst großen Zahl von Anteilscheinerwerbern und die Erreichung eines möglichst großen Volumens des Sondervermögens beziehen. Dem gemeinsamen Zweck werden keine Vermögensgegenstände gewidmet. Seine Förderung erfolgt gemäß § 706 Abs. BGB alleine durch die Leistung von Diensten. Da § 706 BGB keine Mindestanforderungen an den Inhalt oder Umfang des Beitrages der einzelnen Gesellschafter stellt, kommt jede zur Förderung des Gesellschaftszweckes geeignete Leistung in Betracht.[9] Im vorliegenden Fall besteht die Förderung darin, daß die Kapitalanlagegesellschaft und die Depotbank die Funktion einer Kapitalanlagegesellschaft und einer Depotbank über den vom Gesetzgeber unter Anlegerschutzgesichtspunkten gesteckten Rahmen ihrer Aufgaben hinaus ausüben und die gesetzlich nicht geregelten wirtschaftlichen Eckdaten über die Anlagepolitik und die Kostenbelastung der Anteilinhaber selbst setzen, sodann auf deren Grundlage tätig werden und auf diesem Wege eine möglichst positive Entwicklung des Sondervermögens anstreben.

---

[6] Fikentscher, a.a.O., S. 106.
[7] Vgl. Soergel/Hadding, § 705 BGB, Rz. 36. — BGH, BB 1960, S. 15.
[8] Vgl. Schulze-Osterloh, a.a.O., S. 25. — Ballerstedt, a.a.O., S. 255.
[9] Vgl. Staudinger/Keßler, § 706 BGB, Rz. 2. — Esser, Schuldrecht, Band II, § 94 II.

Sie stellen sich damit in den Dienst einer gemeinsamen, über die gesetzlichen Mindestanforderungen hinausgehenden Aufgabe.[10] Die gesetzlichen Mindestanforderungen bestehen für die Kapitalanlagegesellschaft gemäß § 10 Abs. 1 S. 1 lediglich darin, bei der Verwaltung des Sondervermögens die Sorgfalt eines ordentlichen Kaufmanns zu beachten und die Interessen der Anteilinhaber zu wahren. Diese Regelung setzt ein bereits vorhandenes Sondervermögen voraus. Sie erfaßt nicht die Entscheidung der Kapitalanlagegesellschaft, die Entstehung und die weitere Entwicklung des Sondervermögens zu fördern, indem sie die wirtschaftlichen Rahmenbedingungen so gestaltet, daß von diesen ein Anreiz für eine möglichst große Zahl von Anteilscheinzeichnungen und damit ein Impuls für das Wachstum des Sondervermögens ausgeht. Diese Feststellung gilt vor allem für den Fall, daß die Kapitalanlagegesellschaft ihre Gebühren niedriger ansetzt als die Konkurrenz, um auf diese Weise einen Beitrag zu leisten, besonders viele Anteilscheinerwerber zu gewinnen. Gleiches gilt für die Depotbank, so daß das KAGG beide Träger des Investmentsparens in die Lage versetzt, die Entwicklung des Sondervermögens im Rahmen einer gemeinsamen Zweckverfolgung zu fördern.

Damit erfüllt die Vereinbarung, die die Kapitalanlagegesellschaft und die Depotbank über ihre Zusammenarbeit treffen, alle Voraussetzungen des § 705 BGB.

b) Die vom gesetzlichen Normaltypus der Gesellschaft bürgerlichen Rechts abweichende Organisation der Gesellschaft

In der Regel wird durch den Gesellschaftsvertrag nicht nur der gemeinsam verfolgte Zweck bestimmt und die gegenseitige Verpflichtung zu seiner Förderung begründet, sondern es werden auch Organisationsregelungen im Sinne von Zuständigkeitsbestimmungen in bezug auf die Geschäftsführung und Vertretung getroffen.[11]

Im Falle des Gesellschaftsverhältnisses zwischen der Kapitalanlagegesellschaft und der Depotbank läßt das KAGG für Organisationsregelungen keinen Raum, da es alle wesentlichen Außenbeziehungen, wie die zu den Anteilinhabern und zu der Bankaufsichtsbehörde, zur alleinigen Angelegenheit der Kapitalanlagegesellschaft macht.

Gemäß § 15 ist der Ansprechpartner der Anteilinhaber die Kapitalanlagegesellschaft, die selbst dann im eigenen Namen aufzutreten hat, wenn es

---

[10] So BGHZ 31, 197 (201), für den Fall der Berufsgemeinschaft zwischen Ehegatten, die über die Verwirklichung der gesetzlichen Pflichten einer ehelichen Lebensgemeinschaft hinausgeht.

[11] Vgl. K. Schmidt, Gesellschaftsrecht, § 59 I 1 c. — Soergel/Hadding, § 705 BGB, Rz. 43. — Staudinger/Keßler, § 705 BGB, Rz. 85. — Esser, Schuldrecht, Band II, § 94 I und II.

nach § 15 Abs. 3 lit. e darum geht, im Verhältnis zu den Anteilinhabern die Höhe der Vergütung zu bestimmen, die die Depotbank gemäß § 12 Abs. 7 S. 2 aus dem Sondervermögen zu beanspruchen hat.[12]

Auch die Einholung der nach § 15 Abs. 2 notwendigen Zustimmung der Bankaufsichtsbehörde zum Inhalt der Vertragsbedingungen ist eine Angelegenheit, die das KAGG ungeachtet der Bedeutung, die die Vertragsbedingungen für die Tätigkeit und für die Höhe der Vergütung der Depotbank haben, in die alleinige Zuständigkeit der Kapitalanlagegesellschaft legt. In § 51 Abs. 2 werden die Vertragsbedingungen ausdrücklich als diejenigen „der Kapitalanlagegesellschaft" bezeichnet.

Wenngleich die Vertragsbedingungen nicht die Rechtsbeziehungen zwischen der Kapitalanlagegesellschaft und der Depotbank regeln, sondern lediglich wesentliche Bestandteile des Gesellschaftsvertrages zwischen diesen beiden Instituten widerspiegeln, so ist angesichts der Tatsache, daß zum einen vor der Verwirklichung des Gesellschaftszweckes die Genehmigung der Vertragsbedingungen eingeholt werden muß und zum anderen dafür die Kapitalanlagegesellschaft kraft Gesetzes zuständig ist, für eine Organisationsregelung im Gesellschaftsvertrag kein Raum. Noch deutlicher kommt dies bei der in § 12 Abs. 1 S. geregelten Auswahl der Depotbank zum Ausdruck. Ihre Auswahl und jeder beabsichtigte Wechsel sind der Bankaufsichtsbehörde spätestens zwei Wochen vor Abschluß des nicht näher bezeichneten Vertrages anzuzeigen. Daß für diese Anzeige die Kapitalanlagegesellschaft zuständig ist, ergibt sich aus § 12 Abs. 2 S. 1, da nach dieser Vorschrift die Bankaufsichtsbehörde der Kapitalanlagegesellschaft den Wechsel der Depotbank auferlegen kann. Adressat der Verwaltungsakte der Bankaufsichtsbehörde ist also die Kapitalanlagegesellschaft, und zwar auch in den Fällen, in denen sich die Entscheidung inhaltlich gegen die Depotbank und ihre Zusammenarbeit mit der Kapitalanlagegesellschaft richtet.

Aufgrund dieser Zuständigkeitsregelung erfahren die nach dem gesetzlichen Leitbild der Gesellschaft des bürgerlichen Rechts an sich jedem Gesellschafter unmittelbar aus seiner Mitgliedschaft erwachsenden Rechte auf die Mitverwaltung und Mitvertretung der Gesellschaft[13] eine Einschränkung. Das KAGG läßt der Kapitalanlagegesellschaft und der Depotbank nur Raum, ihr Gesellschaftsverhältnis als ein besonderes Schuldverhältnis im Sinne des siebenten Abschnittes des zweiten Buches des BGB zu regeln.

Für die Entstehung einer Gesellschaft, die als eigenständige Wirkungseinheit am Rechtsverkehr teilnimmt, reicht der Abschluß eines auf die Regelung der schuldrechtlichen Beziehungen beschränkten Gesellschafts-

---
[12] Siehe hierzu unten Abschnitt III 1.
[13] Vgl. Soergel/Hadding, § 709 BGB, Rz. 4. — Staudinger/Keßler, vor § 709 BGB, Rz. 11. — Hueck, Das Recht der offenen Handelsgesellschaft, § 10 VII.

vertrages nicht aus.[14] Wie jedoch die Vorschriften der §§ 335 ff. HGB über die stille Gesellschaft zeigen, bedarf es keiner über die gesellschaftsvertraglich-schuldrechtlichen Beziehungen hinausgehenden Regelungen, um ein Gesellschaftsverhältnis zu begründen.[15]

Zwischen der Kapitalanlagegesellschaft und der Depotbank kommt somit mit dem Abschluß des in § 12 Abs. 1 S. 3 angesprochenen Vertrages eine reine Innengesellschaft zustande.

Im Verhältnis der beiden Institute zueinander ist somit eine Konstellation gegeben, die für Metaverbindungen und für Emissionskonsortien in der Form der Innengesellschaft typisch ist.

Eine Metageschäftsverbindung liegt vor, wenn sich zwei oder mehrere Personen (Metisten) zur Ausführung von Geschäften auf gemeinschaftliche Rechnung miteinander verbinden, die Geschäfte jedoch von jedem Metisten nach außen im eigenen Namen abgeschlossen werden.[16]

Zu einem Konsortium schließen sich Banken zusammen, um Finanzierungen oder die Plazierung von Aktien oder Anleihen durchzuführen, die das Leistungsvermögen einer Bank übersteigen. Als Rechtsform wird in der Regel die Gesellschaft des bürgerlichen Rechts (§§ 705 ff. BGB) gewählt,[17] wobei die Konsortialverträge ein Beispiel für die Biegsamkeit des Rechts der Gesellschaft bürgerlichen Rechts darstellen.[18] So wird die Bildung von Gesamthandeigentum ausgeschlossen und die Übernahme der Beteiligungsquoten der einzelnen Konsorten zu Alleineigentum vereinbart. Die Geschäftsführung und Vertretung wird in Abweichung von den Regelungen der §§ 709 Abs. 1 und 714 von der bzw. den als Konsortialführer auftretenden Banken wahrgenommen.

Das Konsortium kann auch als sogenanntes Innenkonsortium organisiert sein. In diesem Fall treten der oder die Konsortialführer nach außen in eigenem Namen mit der Folge auf, daß nur sie im Außenverhältnis berechtigt und verpflichtet werden, während der Gesellschaftsvertrag ausschließlich im Innenverhältnis Rechtswirkungen zeitigt.[19]

---

[14] Vgl. H.P. Westermann, Vertragsfreiheit und Typengesetzlichkeit im Recht der Personengesellschaften, S. 186 ff. (188). — Soergel/Hadding, § 705 BGB, Rz. 43. — Münch. Komm. — Ulmer, § 705 BGB, Rz. 229.

[15] Vgl. Koenigs, Die stille Gesellschaft, S. 16 ff. — Paulick, Handbuch der stillen Gesellschaft, § 4.

[16] Scholze, Das Konsortialgeschäft der deutschen Banken, 1. Halbband, S. 26 ff.

[17] Scholze, a.a.O., S. 6 ff.

[18] Westermann, Das Emissionskonsortium als Beispiel der gesellschaftsrechtlichen Typendehnung, in: Aktiengesellschaft, 1967, S. 285.

[19] Vgl. Delorme/Hoessrich, Konsortial- und Emissionsgeschäft, S. 16 ff. (22). — Steckhan, Die Innengesellschaft, S. 38.

C. Die Rechtsstellung der Depotbank   93

Da auch das KAGG die Regelung einer Emission, und zwar die von Investmentanteilen, zum Gegenstand hat, ist es möglich, eine Parallele zu ziehen und die Beziehungen der Depotbank zur Kapitalanlagegesellschaft mit denen eines Innenkonsortiums zu vergleichen.

4. Zusammenfassung

Die Stellung, die die Depotbank gegenüber der Kapitalanlagegesellschaft einnimmt, wird dadurch gekennzeichnet, daß sie die Kapitalanlagegesellschaft auf der einen Seite zu überwachen und auf der anderen Seite mit ihr zusammenzuarbeiten hat.

Die Überwachungsfunktion ist umfassender, als es nach dem Wortlaut einiger Vorschriften den Anschein hat. Diese Feststellung gilt vor allem für die in den §§ 12 Abs. 1 S. 1 und 31 Abs. 1 getroffenen Regelungen. Die dort angesprochenen, typischen Bankdienstleistungen werden, wie das Beispiel der Verwahrungstätigkeit der Depotbank sehr anschaulich zeigt, zu einem Instrument der Kontrolle der Kapitalanlagegesellschaft umgestaltet.

Dies hat zur Folge, daß auch die banktypischen Tätigkeiten wegen des damit verbundenen Schutzzweckes in der gleichen Weise wie die übrigen Schutzaufgaben (z. B. § 12 Abs. 8) nicht Gegenstand vertraglicher Absprachen zwischen der Kapitalanlagegesellschaft und der Depotbank sein können.

Die Überwachung der Kapitalanlagegesellschaft stellt eine gesetzliche Aufgabe dar. Sie erstreckt sich auf die gesamte Kapitalanlagetätigkeit, so daß die Depotbank auch dort in Ausübung der ihr kraft Gesetzes zugewiesenen Kontrollbefugnisse tätig wird, wo sie Dienstleistungen verrichtet, die typische Bankdienstleistungen darstellen. Aus diesem Grunde regeln die §§ 12 Abs. 1 S. 1 und 31 Abs. 1 nicht den Abschluß eines auf eine Geschäftsbesorgung und Verwahrung gerichteten Dienstvertrages (§§ 675, 611 ff. BGB). Die §§ 12 Abs. 1 S. 1 und 31 Abs. 1 stellen vielmehr Zuständigkeitsvorschriften dar, die sich an die Adresse der Kapitalanlagegesellschaft richten und dieser die strikte Beachtung der Zuständigkeit der Depotbank für die Verwahrung aller verwahrungsfähigen Gegenstände des Sondervermögens auferlegen. Diese Regelung der ausschließlichen Zuständigkeit der Depotbank schließt deren Berechtigung mit ein, so daß die Rechtsquelle für die Befugnis zur Verwaltung im Gesetz selbst liegt.

Der zweite Teil der Doppelaufgabe der Depotbank, ihre Zusammenarbeit mit der Kapitalanlagegesellschaft, vollzieht sich nicht im Wege eines gegenseitigen Schuldverhältnisses. Aufgrund der Tatsache, daß die Vergütung der Depotbank aus dem Sondervermögen gezahlt wird (§ 12 Abs. 7), findet kein Austausch von Leistung und Gegenleistung zwischen der Kapitalanlagegesellschaft und der Depotbank statt.

Die Zusammenarbeit zwischen der Depotbank und der Kapitalanlagegesellschaft wird vielmehr dadurch bestimmt, daß das KAGG der Kreativität und der Eigeninitiative der beiden Institute innerhalb eines von Anlegerschutzbestimmungen sorgfältig abgegrenzten Betätigungsfeldes freien Raum läßt. Hier liegt der Ansatzpunkt für die Beurteilung der Rechtsbeziehungen, die die Zusammenarbeit regeln.

Der Sachverhalt, der dabei zu beurteilen ist, ergibt sich aus dem Inhalt der Vertragsbedingungen (§ 15 Abs. 3). Die Vertragsbedingungen spiegeln das Ergebnis des Abstimmungsprozesses wider, der zwischen der Kapitalanlagegesellschaft und der Depotbank über ihre gemeinsame Zusammenarbeit stattfindet.

Da sich diese Zusammenarbeit auf die Erreichung eines gemeinsamen Zweckes erstreckt, der darin besteht, entsprechend dem Grundgedanken, der dem Investmentsparen seit seinen Anfängen zugrundeliegt, eine möglichst große Zahl von Geldanlegern für eine Beteiligung an dem Sondervermögen zu gewinnen, vollzieht sich das Miteinanderarbeiten zwischen der Depotbank und der Kapitalanlagegesellschaft im Rahmen einer Gesellschaft bürgerlichen Rechts.

Diese Gesellschaft weicht jedoch von dem gesetzlichen Leitbild, das den §§ 705 BGB zugrundeliegt, ab. Sie stellt eine Innengesellschaft dar, da das KAGG der Kapitalanlagegesellschaft in den Außenbeziehungen der Gesellschaft, nämlich im Verhältnis der Bankaufsichtsbehörde und zu den Anteilinhabern, die Vertretungsbefugnis, im eigenen Namen zu handeln, zuweist. Damit besteht im Verhältnis der Kapitalanlagegesellschaft zur Depotbank eine Beziehung, die derjenigen eines Innenkonsortiums entspricht.

III. Die Rechtsbeziehungen zwischen der Depotbank und den Anteilinhabern

Wie bereits oben[1] ausgeführt, vertritt die ganz überwiegende Zahl der Autoren die Theorie, daß zwischen der Depotbank und den Anteilinhabern vertragliche Beziehungen bestehen, die darauf beruhen, daß die Kapitalanlagegesellschaft und die Depotbank die Anteilinhaber in den Dienstvertrag (§§ 675, 611 ff. BGB), den sie nach § 12 Abs. 1 S. 1 schließen, im Wege eines Vertrages zugunsten Dritter (§ 328 BGB) einbeziehen.

Da jedoch zwischen der Kapitalanlagegesellschaft und der Depotbank kein auf eine Geschäftsbesorgung und eine Verwahrung gerichteter Dienstvertrag geschlossen wird, muß die Verwahrungstätigkeit, die die Depotbank

---
[1] Vgl. Teil 2, Abschnitt C II 1.

zugunsten der Anteilinhaber ausübt, anders, als von der herrschenden Meinung angenommen, erklärt werden.

1. Die Ablehnung der Theorie Klenks

Die, soweit ersichtlich, nur von Klenk[2] vertretene Meinung, daß die Depotbank und die Anteilinhaber über die Dienstleistungen, die die Depotbank zugunsten der Anteilinhaber erbringt, einen Vertrag schließen, kann nicht geteilt werden.

Aus der Tatsache, daß die Depotbank die Anteilscheine mitunterzeichnet (§ 18 Abs. 1 S. 2) und für deren Ausgabe zuständig ist (§ 12 Abs. 1 S. 1), kann nicht auf einen an den jeweiligen Anteilscheinerwerber gerichteten Antrag der Depotbank auf Abschluß eines Vertrages (§ 145 BGB) geschlossen werden.[3]

Die Ausgabe der Anteilscheine erfolgt zeitlich nach dem Abschluß des Investmentvertrages, den der Anteilscheinerwerber mit der Kapitalanlagegesellschaft schließt. In diesem Vertrag muß nach § 15 Abs. 3 lit. e eine Angabe darüber enthalten sein, wie die Vergütung bemessen und berechnet wird, die der Depotbank nach § 12 Abs. 7 S. 2 zusteht.

Da diese aus dem Sondervermögen zu zahlende Vergütung als Entgelt für alle Tätigkeiten der Depotbank, vom Sonderfall des § 12 Abs. 8 abgesehen, darstellt, ist der finanzielle Teil der Depotbanktätigkeit bereits geregelt, wenn die Anteilscheine ausgegeben werden.

Dieser Umstand spricht ebenso gegen die Annahme, daß die Depotbank bei der Ausgabe der Anteilscheine mit dem Willen tätig wird, gegenüber dem Anteilscheinerwerber eine Offerte zum Abschluß eines Dienstvertrages abzugeben, wie die oben[4] getroffene Feststellung, daß nach der Systematik des KAGG die Außenbeziehungen zu den Anteilinhabern in die Zuständigkeit der Kapitalanlagegesellschaft fallen, wofür § 15 Abs. lit. e ein weiteres Beispiel liefert.

Auch auf seiten des Anteilscheinerwerbers gibt es keine Anhaltspunkte, die dafür sprechen, daß bei ihm im Zusammenhang mit dem Erwerb der Anteilscheine der Wille vorhanden ist, einen Vertrag mit der Depotbank zu schließen.

---

[2] Die rechtliche Behandlung des Investmentanteils, S. 15.
[3] Vgl. Canaris, Bankvertragsrecht, Rz. 2463. — K. Müller, Die Überwachung der Geschäftstätigkeit der Kapitalanlagegesellschaft durch die Depotbank, DB 1975, 485 (487).
[4] Vgl. Teil 2, Abschnitt C II 3 b).

Klenk übersieht den im versicherungsrechtlichen Schrifttum[5] enthaltenen Hinweis, daß bei Verträgen, die so stark durch allgemeine Geschäftsbedingungen und durch aufsichtsrechtliche Kontrollen geprägt werden, wie dies bei Versicherungen und auch beim Investmentsparen der Fall ist, der Konsument davon ausgeht, daß er ein bestimmtes, im einzelnen vorgeformtes und behördlich geprüftes Dienstleistungsmodell[6] „kauft".[7] Angesichts dieser Gegebenheiten ist nicht anzunehmen, daß der Zeichner von Anteilscheinen nach dem Abschluß des Formularvertrages mit der Kapitalanlagegesellschaft auch noch den Willen hat, einen selbständigen Vertrag mit der Depotbank zu schließen.

Somit kommt im Zusammenhang mit der Ausgabe der Anteilscheine kein Vertrag zwischen der Depotbank und den Anteilscheinerwerbern über die Tätigkeiten zustande, die die Depotbank zum Schutze der Anteilinhaber ausübt.

Auch die in § 15 Abs. 3 lit. e geforderten vertraglichen Regelungen darüber, welche Vergütung aus dem Sondervermögen an die Depotbank zu zahlen ist und wie sie berechnet wird, begründen in bezug auf die Tätigkeiten, die die Depotbank zugunsten der Anteilinhaber ausübt, keine vertraglichen Beziehungen zwischen ihr und den Anteilinhabern.

Der Anspruch der Depotbank auf Vergütung wird dem Grunde nach durch § 12 Abs. 7 S. 2 von Gesetzes wegen festgelegt. Die genaue Höhe wird gegenüber den Anteilinhabern dadurch verbindlich bestimmt, daß entsprechende Angaben über die Bemessung und die Berechnung in den Vertrag zwischen Kapitalanlagegesellschaft und den Anteilscheinerwerbern aufgenommen werden.

In der gleichen Weise, in der die §§ 315-317 BGB die Ergänzung vertraglicher Ansprüche durch eine der Parteien bzw. durch einen Dritten regeln, schreibt § 15 Abs. 3 lit. e die Ergänzung des der Depotbank nach § 12 Abs. 7 S. 2 zustehenden Vergütungsanspruches durch Vereinbarungen in dem Vertrag vor, den die Kapitalanlagegesellschaft und die Anteilscheinerwerber schließen. Daraus lassen sich in bezug auf die Depotbanktätigkeit keine Ansatzpunkte für vertragliche Beziehungen zwischen der Depotbank und den Anteilinhabern herleiten.

---

[5] Siehe Prölss/Schmidt/Frey, vor § 1 VAG, Rz. 45 m.w.N.
[6] Siehe hierzu Priester, Nachahmungsschutz für Dienstleistungsmodelle, S. 20 ff.
[7] So Prölss/Schmidt/Frey, a.a.O.

2. Das gesetzliche Schuldverhältnis zwischen der Depotbank und den Anteilinhabern

Da die Depotbank nicht aufgrund eines Vertrages für die Anteilinhaber tätig wird, ist zu klären, ob ein gesetzliches Schuldverhältnis mit Vertragsinhalt vorliegt oder ob die Depotbank, ähnlich wie der Vertrauensmann, der Hypothekenbank-, der Schiffsbank- und der Deckungsstocktreuhänder, lediglich für die Einhaltung gesetzlicher Schutzvorschriften (§§ 823 Abs. 2, 826 BGB) haftet.[8/9/10]

Im Gegensatz zu den Treuhändern, die ihre Überwachungsaufgaben persönlich zu erfüllen haben, stünde der Depotbank bei einer auf Ansprüche aus dem Deliktsrecht beschränkten Haftung die Entlastungsmöglichkeit nach § 831 Abs. 1 S. 2 BGB offen. Hierdurch würde der Schutz der Anteilinhaber stark eingeschränkt, was einen unüberbrückbaren Widerspruch zu den Anlegerschutzzielen des KAGG darstellen würde.

Es ist deshalb Canaris[11] im Ergebnis darin zu folgen, daß die Depotbank den Anteilinhabern im Rahmen eines gesetzlichen Schuldverhältnisses nach Vertragsgrundsätzen haftet.

Entgegen der Ansicht von Canaris ist jedoch das gesetzliche Schuldverhältnis nicht darauf zurückzuführen, daß die Pflichten, die die Depotbank gegenüber den Anteilinhabern zu erfüllen hat, Kontakte auf der Ebene des Geschäftsverkehrs im Sinne der Lehre von der culpa in contrahendo darstellen.

Das Rechtsinstitut der culpa in contrahendo ist von der Lehre und der Rechtsprechung zu einem Haftungstatbestand entwickelt worden, der das Einstehen für Sorgfaltspflichten in den Fällen erfaßt, in denen geschäftliche und geschäftsähnliche Kontakte nicht zu einem Vertrag führen.[12]

Ausgangspunkt ist dabei die Tatsache, daß das BGB in einer Reihe von Vorschriften (z. B. §§ 122, 179, 307) das Vertrauen, das Verhandlungspartner einander im Verlauf ihrer Kontakte entgegenbringen, als schutzwürdig behandelt.[13] Daraus läßt sich der Grundsatz ableiten, daß bereits mit der

---

[8] So für das Verhältnis des Hypothekenbanktreuhänders zu den Pfandbriefinhabern Praxl, a.a.O., S. 147; Hofmann, a.a.O., § 29, Rz. 8, und Bellinger/Kerl, a.a.O., § 29, Anm. 3.

[9] So für das Verhältnis der Schiffspfandbriefgläubiger zu dem Schiffsbanktreuhänder Prause, a.a.O., S. 260.

[10] So für das Verhältnis der Versicherten zu dem Deckungsstocktreuhänder Koch, a.a.O., S. 46; Spohr, a.a.O., S. 371; Fromm/Goldberg, a.a.O., § 71, Anm. 2; Prölss/Schmidt/Frey, a.a.O., § 71, Rz. 8.

[11] Bankvertragsrecht, Rz. 2464.

[12] Siehe hierzu Köndgen, Selbstbindung ohne Vertrag, S. 6 ff.

[13] Vgl. Soergel/Wiedemann, vor § 275 BGB, Rz. 5. — RGZ 95, 58 (60).

Aufnahme geschäftlicher oder geschäftsähnlicher Kontakte Rücksichts-, Schutz- und Treuepflichten entstehen.

Während das Einstehen für diese Sorgfaltspflichten in der früheren Rechtsprechung des Reichsgerichts aus einem eigentlichen Vertrag vorgeschalteten, ihn quasi vorbereitenden Rechtsverhältnis mit vertraglichem Charakter abgeleitet wurde,[14] ist es heute allgemeine Meinung, daß die Haftung aus culpa in contrahendo gänzlich losgelöst von dem Zustandekommen eines Vertrages und den sich daraus ergebenden Haupt- und Nebenpflichten zu sehen ist.[15] Sie entspringt einem gesetzlichen Schuldverhältnis, das mit der Aufnahme von Kontakten auf der Ebene des Geschäftsverkehrs entsteht.[16]

Die Tatsache, daß dieses gesetzliche Schuldverhältnis das Einstehen für die Inanspruchnahme gewährten Vertrauens zum Gegenstand hat,[17] läßt es sehr fraglich erscheinen, ob die Leistungspflichten der Depotbank zum Inhalt eines gesetzlichen Schuldverhältnisses gehören, das auf dem Institut der culpa in contrahendo aufbaut.[18] Die Frage nach den Grenzen der Anwendbarkeit des Instituts muß hier jedoch nicht näher untersucht werden, weil sich die Haftung der Depotbank nach Vertragsgrundsätzen aufgrund der Auslegung des § 19 Abs. 2 S. 2 und 2 ergibt.

Nach § 19 Abs. 1 S. 1 muß der Verkaufsprospekt, der jedem Interessenten zusammen mit dem Antrag auf Vertragsabschluß und mit den Vertragsbedingungen auszuhändigen ist, alle Angaben enthalten, die, so die Gesetzesformulierung, für die Beurteilung der Anteilscheine von wesentlicher Bedeutung sind (§ 19 Abs. 2 S. 1). Hierzu zählen gemäß Satz 2 „insbesondere" Angaben über die Firma, die Rechtsform, den Sitz und das Eigenkapital der Kapitalanlagegesellschaft und der Depotbank.

Die Bedeutung dieser Regelung erschöpft sich nicht in der Normierung bestimmter Informationspflichten. Sie bringt aufgrund der absoluten Gleichstellung von Kapitalanlagegesellschaft und Depotbank auch den Grundsatz gleicher Haftungsmaßstäbe zum Ausdruck. Der Zweck, der mit den Anga-

---

[14] RGZ 78, 239 (240); RGZ 95, 58 (60).

[15] Vgl. Larenz, Culpa in contrahendo, Verkehrssicherungspflicht und „sozialer Kontakt", MDR 1954, 515 (516). — Canaris, Geschäfts- und Verschuldensfähigkeit bei Haftung aus „culpa in contrahendo", Gefährdung und Aufopferung, NJW 1964, 1987. — Soergel/Wiedemann, vor § 275 BGB, Rz. 5. — Esser/Schmidt, Schuldrecht, Bd. I, § 29 II. — BGHZ 6, 330 (333).

[16] Vgl. Larenz, a.a.O., S. 516. — Canaris, a.a.O., S. 1987. — Soergel/Wiedemann, vor § 275 BGB, Rz. 5. — BGHZ, a.a.O., S. 333.

[17] Ballerstedt, Zur Haftung für culpa in contrahendo bei Geschäftsabschluß durch Stellvertreter, AcP 151, 501 (507).

[18] Vgl. hierzu: Esser/Schmidt, Schuldrecht, Band I, § 29 II 4 a. — Herrmann, Die Sachwalterhaftung vermögenssorgender Berufe, JZ 1983, S. 422 (423).

C. Die Rechtsstellung der Depotbank

ben verfolgt wird, die im Verkaufsprospekt über die Kapitalanlagegesellschaft und die Depotbank zu machen sind, besteht, wie sich aus der Formulierung „für die Beurteilung der Anteilscheine von wesentlicher Bedeutung" ergibt, darin, dem Kaufinteressenten von Investmentanteilen die beiden Leistungsträger vorzustellen, die durch ihre Dienstleistungen das dem Investmentsparen gewidmete Vermögen mehren wollen. In bezug auf die Depotbank vermitteln die in § 19 Abs. 2 S. 1 und 2 geforderten Angaben somit dem Anteilscheinerwerber in Verbindung mit dem Passus der Vertragsbedingungen, der die Höhe der Vergütung der Depotbank wiedergibt,[19] die Kenntnis von der Stellung, die das KAGG der Depotbank zuweist und die dadurch gekennzeichnet ist, daß diese Kontroll- und Schutzpflichten gegen Entgelt verrichtet und für die Erfüllung ihrer Pflichten mit dem ausgewiesenen Haftungskapital einsteht.

Die geforderten Angaben über das Eigenkapital, d. h. das Haftungskapital der Kapitalanlagegesellschaft und der Depotbank, haben aber nur dann einen Sinn, wenn der damit beim Leser bezweckte Eindruck, daß beide Institute mit den angegebenen Beträgen für die Erfüllung ihrer Pflichten haften, auch den rechtlichen Gegebenheiten entspricht.

Der Gesetzgeber bringt folglich mit der in § 19 Abs. 2 S. 1 und 2 getroffenen Regelung zum Ausdruck, daß für die Kapitalanlagegesellschaft und die Depotbank gleiche Haftungsmaßstäbe gelten, was in bezug auf die Depotbank bedeutet, daß sie den Anteilinhabern im Rahmen eines gesetzlichen Schuldverhältnisses nach Vertragsgrundsätzen für die Erfüllung ihrer Depotbankpflichten einzustehen hat.

Das gesetzliche Schuldverhältnis entsteht mit der Einzahlung des für die Anteilscheine zu entrichtenden Kaufpreises in das Sondervermögen.

Die Verbriefung der Ansprüche der Anteilinhaber aus dem gesetzlichen Schuldverhältnis fällt in der gleichen Weise unter die Regelung des § 1 Abs. 1, wonach über die sich aus der Einlage der Anteilinhaber ergebenden Ansprüche Urkunden auszustellen sind, wie dies bei der Verbriefung der Rechte der Anteilinhaber gegenüber der Kapitalanlagegesellschaft der Fall ist.[20] Diese Feststellung wird zwar nicht unmittelbar durch den Wortlaut der Vorschrift gedeckt, aber angesichts der Tatsache, daß die Depotbank gegenüber den Anteilinhabern wichtige Leistungen in bezug auf das in das Sondervermögen eingezahlte Geld zu erbringen hat, fallen unter die Rechte, die

---

[19] Dem Anteilscheinerwerber wird mit der Aushändigung der Vertragsbedingungen nicht nur die Regelung über die Vergütung der Depotbank zur Kenntnis gebracht (§ 9 der Mustervertragsbedingungen für Wertpapier-Sondervermögen und § 11 der Mustervertragsbedingungen für Grundstücks-Sondervermögen), sondern ihm werden, wie § 2 beider Mustervertragsbedingungen zeigt, auch die Überwachungs- und Kontrollaufgaben der Depotbank dargestellt (siehe Anhang).

[20] Siehe oben Teil 2, Abschnitt A I 2.

sich gemäß § 1 Abs. 1 aus dieser Einlage ergeben, auch die Rechte der Anteilinhaber gegenüber der Depotbank.[21] Daß auch die Ansprüche gegen die Depotbank Gegenstand der Verbriefung sind, ergibt sich außerdem aus § 18 Abs. 2 S. 2. Die in dieser Vorchrift getroffene Bestimmung, daß alle Anteile die gleichen Rechte verkörpern müssen und außerdem sämtliche zu dem Sondervermögen gehörenden Rechte umfassen müssen, wird nur erfüllt, wenn sich die Verbriefung auf die gesamte Rechtsstellung der Anteilinhaber erstreckt.

3. Der Inhalt des gesetzlichen Schuldverhältnisses

Die Verpflichtungen, die die Depotbank gegenüber den Anteilinhabern zu erfüllen hat, sind oben[22] bereits im einzelnen mit der Feststellung abgehandelt worden, daß die verschiedenen Aufgaben alle ein Teil des zusammenhängenden Komplexes der Kontroll- und Schutzpflichten sind.

Da diese Kontroll- und Schutzpflichten dem Zweck dienen, das dem Investmentsparen gewidmete Vermögen der Anteilinhaber zu schützen, übt die Depotbank eine Tätigkeit aus, die auf die selbständige Wahrnehmung fremder Vermögensinteressen gerichtet ist. Auf Tätigkeiten dieses Inhalts finden die Vorschriften über den auf eine Geschäftsbesorgung gerichteten Dienstvertrag Anwendung (§§ 675, 611 ff. BGB).[23]

Im Hinblick darauf, daß die Verwahrungstätigkeit einen wichtigen Bestandteil der Kontroll- und Schutzaufgabe der Depotbank darstellt, erhebt sich die Frage, inwieweit für die Bestimmung der Rechte und Pflichten im Zusammenhang mit der Verwahrung des Sondervermögens auch die Vorschriften über die Verwahrung (§§ 688 ff. BGB) bzw. die für die Verwahrung von Wertpapieren geltenden Vorschriften des Depotgesetzes heranzuziehen sind. Die Frage stellt sich unter anderem deswegen, weil der Gesetzgeber in § 9 Abs. 5 die Anwendung des Depotgesetzes auf die Rechtsbeziehungen der Kapitalanlagegesellschaft zu den Anteilinhabern ausdrücklich ausschließt, woraus im Zusammenhang mit der Verwendung des Begriffes „Depotbank" sowie in Verbindung mit der Vorschrift des § 12 Abs. 3 S. 1, die die Depotbank verpflichtet, die Wertpapiere in ein gesperrtes Depot zu legen, unwillkürlich der Eindruck entsteht, als sollte der Schutz des Depotgesetzes den Anteilinhabern auf jeden Fall im Zusammenhang mit der Verwahrungstätigkeit der Depotbank zugute kommen. Hiervon ist offen-

---

[21] Vgl. Klenk, Die rechtliche Behandlung des Investmentanteils, S. 31 (33). — Ebner von Eschenbach, Die Rechte des Anteilinhabers nach dem Gesetz über Kapitalanlagegesellschaft, S. 159.

[22] Vgl. Abschnitt C I.

[23] Vgl. Soergel/Mühl, § 675 BGB, Rz. 1. — Staudinger/Wittmann, § 675 BGB, Rz. 3. — BGH, BB 1959, 134.

C. Die Rechtsstellung der Depotbank 101

sichtlich das Bundesaufsichtsamt für das Kreditwesen beim Erlaß der Richtlinien für die Depotprüfung[24] vom 16. Dezember 1970 ausgegangen. Nach Abschnitt 1 Ziff. 1 dieser Richtlinien unterliegen der Prüfungspflicht sämtliche Kreditinstitute, die das Effektengeschäft und das Depotgeschäft betreiben. Zum Depotgeschäft wird die Verwahrungstätigkeit der Depotbank hinzugerechnet, da zum einen für diese Bankdienstleistung keine gesonderte Prüfungspflicht vorgeschrieben wird und zum anderen der Depotprüfer angewiesen wird, im Rahmen der allgemeinen Prüfung des Depotgeschäfts der Depotbank gemäß Abschnitt 9 Ziff. 4 der Richtlinien in einem besonderen Teil seines Berichts auf die Verwahrungstätigkeit nach § 12 KAGG einzugehen. Dabei hat er unter anderem die Bezeichnung des Sperrdepots im Verwahrungsbuch festzustellen. Das Verwahrungsbuch schreibt § 14 DepotG vor. Es ist als ein Handelsbuch (§ 38 HGB) zu führen, in das der Hinterleger und die für ihn verwalteten Wertpapiere einzutragen sind.

Oben[25] wurde bereits festgestellt, daß die Kapitalanlagegesellschaft kein Hinterleger im Sinne der §§ 688 ff. BGB bzw. im Sinne der Vorschriften des Depotgesetzes ist.

Aber auch den Anteilinhabern fehlen die Voraussetzungen eines Hinterlegers.

In bezug auf die Wertpapiere ergibt sich dies daraus, daß ihnen das KAGG kein Verfügungsrecht über ihren Anteil an den einzelnen Vermögensgegenständen des Sondervermögens einräumt (§ 18 Abs. 3 S. 3), sondern sie statt dessen auf den Anspruch auf Auszahlung des Gesamtanteils am Sondervermögen verweist (§ 11 Abs. 2). Diese Regelung schließt hinsichtlich der Wertpapiere die Auslieferungsansprüche nach §§ 7 und 8 DepotG aus.

Ein solcher Anspruch war gegeben, solange das Investmentsparen vor dem Inkrafttreten des KAGG auf einer rein vertraglichen Basis abgewickelt wurde[26] und im Mittelpunkt der vertraglichen Dreiecksbeziehungen zwischen der Investmentgesellschaft, der Depotbank und den Investmentsparern ein nach den Vorschriften des Depotgesetzes eingerichtetes Wertpapierdepot stand. Der KAGG-Gesetzgeber hat zwar das Modell des Investment-Dreiecks übernommen, aber er hat in dem Bestreben, die Anteilinhaber insgesamt besser zu schützen, auf der einen Seite die Pflichten der Depotbank im Zusammenhang mit der Verwahrung des Sondervermögens erheblich über die eigentliche Verwahrung hinaus ausgeweitet und auf der anderen Seite die Rechte des einzelnen Anteilinhabers an den Gegenständen des Sondervermögens bis auf den Auszahlungsanspruch nach § 11 Abs. 2 eingeschränkt. Dadurch erfahren die Rechtsbeziehungen zwischen

---
[24] Bundesanzeiger vom 23.12.1970, Nr. 239, S. 2-6.
[25] Siehe Teil 2 Abschnitt C II 1 a).
[26] Siehe oben Teil 1 Abschnitt IV.

der Depotbank und den Anteilinhabern eine Ausprägung, die weder für die Vorschriften der §§ 688 ff. BGB noch für die Anwendung des Depotgesetzes Raum läßt.

Auch im Zusammenhang mit der Verwahrung der in das Sondervermögen eingezahlten Geldbeträge erwächst den Anteilinhabern kein Rückforderungsanspruch gegenüber der Depotbank.

Der Anspruch der Anteilinhaber auf Auszahlung ihres Anteils am Sondervermögen richtet sich gegen die Kapitalanlagegesellschaft und nicht gegen die Depotbank als Verwahrer. Wird der Anspruch geltend gemacht, so hat die Depotbank nach § 12 Abs. 4 auf Weisung der Kapitalanlagegesellschaft die Zahlung aus den gesperrten Konten durchzuführen. Der Auszahlungsanspruch der Anteilinhaber nach § 11 Abs. 2 steht also in keinem Zusammenhang mit der Verwahrungstätigkeit der Depotbank.

Daraus folgt, daß die Depotbank nicht im Sinne der §§ 688 ff. BGB oder der §§ 1 ff. DepotG für einen Hinterleger verwahrt. Ihre Verwahrungstätigkeit ist ein unselbständiger Bestandteil der umfassenden Schutzpflichten, die das KAGG im Rahmen des zusammenhängenden Komplexes der Depotbankaufgaben aufstellt. Die Verpflichtung zur Führung von Handelsbüchern im Zusammenhang mit dieser Tätigkeit besteht deshalb nur nach §§ 38 ff. HGB, aber nicht nach § 14 DepotG.

Somit läßt sich feststellen, daß der Gesetzgeber in dem Bestreben, bestimmte „Unebenheiten" zu beseitigen, die vor dem Inkrafttreten des KAGG bestanden haben,[27] hinsichtlich der Verwahrung des Sondervermögens insofern neue geschaffen hat, als die Verwahrung im Verhältnis der Depotbank zu den Anteilinhabern ausschließlich den Vorschriften des § 12 Abs. 1 und Abs. 3-6 sowie den §§ 675, 611 ff. BGB unterliegt,[28] während im Falle der Drittverwahrung der Wertpapiere zwischen der Depotbank und dem Drittverwahrer die Vorschriften des Depotgesetzes Anwendung finden. Das bedeutet, daß die Schutzwirkung, die von den besonderen Strafbestimmungen der §§ 34 ff. DepotG und von der Vorschrift des § 14 DepotG über die buchhalterische Abwicklung des Verwahrungsgeschäftes ausgeht, im Rahmen der Rechtsbeziehungen zwischen der Depotbank und den Anteilinhabern nicht gegeben ist. Im Verhältnis der Depotbank zu den Anteilinhabern gelten in bezug auf die Verwahrung die Regelungen des § 12 Abs. 1 S. 1 und Abs. 3-6 in Verbindung mit den §§ 675, 611 ff. BGB, §§ 38 ff. HGB.

---

[27] Siehe Teil 1 Abschnitt IV.

[28] Ohne sich mit der in diesem Abschnitt behandelten Problematik auseinanderzusetzen, gehen einige Autoren davon aus, daß das Depotgesetz auf die Rechtsbeziehungen der Depotbank zu den Anteilinhabern Anwendung findet: Ebner von Eschenbach, Die Rechte des Anteilinhabers nach dem Gesetz über Kapitalanlagegesellschaften, S. 123. — Steder, in: Investment-Handbuch 425, § 9, Rz. 15. — Baur, Investmentgesetze, S. 161. — G. Müller, Die Rechtsstellung der Depotbank im Investmentgeschäft, S. 94 und Fußnote 487.

D. Ergebnis

Die Rechtsbeziehungen zwischen den am Investment-Dreieck Beteiligten weisen sehr unterschiedliche Züge auf.

Ein auf den Austausch von Leistungen und Gegenleistungen gerichtetes Vertragsverhältnis besteht nur zwischen der Kapitalanlagegesellschaft und den Anteilinhabern. Auf den Inhalt und die Form dieses Vertrages nimmt der Gesetzgeber jedoch aus Gründen des Anlegerschutzes in so starkem Maße Einfluß, daß jede individuelle Gestaltung ausgeschlossen ist. Demjenigen, der Anteilscheine erwerben möchte, bleibt nur die Möglichkeit, den vorgegebenen Formularvertrag zu akzeptieren oder abzulehnen.

Akzeptiert er den Formularvertrag, so entsteht mit dessen Abschluß und der Einzahlung des Kaufpreises für die Anteilscheine zwischen der Depotbank und ihm ein gesetzliches Schuldverhältnis, durch das die Depotbank verpflichtet wird, sein dem Investmentsparen gewidmetes Vermögen zu schützen und seine Interessen zu wahren.

Der Schutz des Sondervermögens erstreckt sich neben der Gewährung von Obhut und Raum für alle verwahrungsfähigen Vermögensgegenstände auch auf die Abwehr von Zugriffen Dritter, vor allem der Gläubiger der Kapitalanlagegesellschaft.

Bei der Wahrnehmung der Interessen der Anteilinhaber hat sich die Depotbank, von der Verfolgung von Ansprüchen abgesehen, die den Anteilinhabern gegenüber einer früheren Depotbank zustehen, auf die Überwachung der Kapitalanlagegesellschaft zu konzentrieren. Diese Kontrolltätigkeit ist notwendig, weil den Anteilinhabern hinsichtlich der Anlageentscheidungen, die im Rahmen der Verwendung ihres Geldes getroffen werden, kein Mitspracherecht und auch keine Kontrollbefugnisse zustehen.

Um eine lückenlose Überwachung der Kapitalanlagegesellschaft durch die Depotbank zu gewährleisten, ist der Umfang der Aufgaben, die die Depotbank als Verwahrer zu erfüllen hat, so weit ausgedehnt worden, daß die eigentliche Verwahrung nur noch einen unselbständigen Bestandteil einer umfassenden Kontroll- und Schutzfunktion darstellt. Der Schutzzweck, der mit der erweiterten Verwahrungstätigkeit der Depotbank angestrebt wird, läßt vertragliche Regelungen über die Ausübung dieser Tätigkeit nicht zu. Die Verwahrung des Sondervermögens stellt in der gleichen Weise eine gesetzliche Schutzaufgabe der Depotbank dar, in der diese gemäß § 12 Abs. 8 Ansprüche der Anteilinhaber zu verfolgen oder gemäß §§ 25g Abs. 1, 31 Abs. 1 den Bestand der stillen Beteiligungen und Grundstücke zu überwachen hat.

Diese Feststellung ist nicht nur für die Beurteilung der Rechtsstellung der Depotbank gegenüber den Anteilinhabern, sondern auch für die Einordnung der Beziehungen der Depotbank zur Kapitalanlagegesellschaft von Bedeutung.

Die Beziehungen der Depotbank zur Kapitalanlagegesellschaft werden nicht dadurch gekennzeichnet, daß die Depotbank gegenüber der Kapitalanlagegesellschaft als Erfüllungsgehilfe tätig wird.

Das KAGG geht vielmehr von zwei Leistungsträgern aus, denen es im Rahmen der Aufspaltung der Dienstleistung des Investmentsparens in die beiden Aufgabengebiete der Verwaltung und der Verwahrung des Sondervermögens jeweils eine dieser Aufgaben zuordnet.

Die Vielfalt detaillierter Vorschriften für die Durchführung der Verwaltungs- und der Verwahrungstätigkeit darf nicht darüber hinwegtäuschen, daß das KAGG ein Anlegerschutzgesetz darstellt, dessen Zweck darauf beschränkt ist, Organisations- und Aufsichtsrecht zu setzen. Die Ausgestaltung des rein wirtschaftlichen Teils des Investmentsparens ist der Entscheidung der Kapitalanlagegesellschaft und der Depotbank überlassen. Beiden Instituten wird in bezug auf die Ausrichtung der Anlagepolitik und auch hinsichtlich der Kosten, mit denen sie die Anteilinhaber beim Erwerb der Anteilscheine und später im Rahmen der Verwaltung und Verwahrung des Sondervermögens belasten, unternehmerischer Freiraum eingeräumt. Auf diese Weise werden die Dienstleistungsangebote der verschiedenen Kapitalanlagegesellschaften und Depotbanken zum Vorteil der Anteilscheinerwerber dem marktwirtschaftlichen Gesetz von Angebot und Nachfrage unterworfen.

Für das Verhältnis der Depotbank zur Kapitalanlagegesellschaft folgt aufgrund der Tatsache, daß sie gemeinsam über die Vergütung befinden, die sie für ihre Tätigkeit von den Anteilinhabern vereinnahmen, daß ihre Zusammenarbeit als Kapitalanlagegesellschaft und als Depotbank im Rahmen einer gemeinsamen Zweckverfolgung erfolgt.

Der gemeinsame Zweck besteht darin, eine möglichst positive Entwicklung des Sondervermögens zu erreichen und viele Anleger für eine Beteiligung zu gewinnen, um entsprechend hohe Vergütungen zu erzielen.

Diese Verfolgung eigener Ziele steht nicht im Widerspruch zu den Pflichten, die die Kapitalanlagegesellschaft und die Depotbank gegenüber den Anteilinhabern zu erfüllen haben, da die Idee des Investmentsparens von Beginn an auf dem Grundsatz beruht, eine möglichst große Zahl von Geldbeträgen zu bündeln, um bei deren Anlage die gleichen Vorteile zu erlangen, die bei der Anlage großer Summen erzielt werden.

Die Gesellschaft, die gemäß § 705 BGB zwischen der Kapitalanlagegesellschaft und der Depotbank entsteht, ist eine reine Innengesellschaft. Sie kann als eigenständige Wirkungseinheit nach außen nicht in Erscheinung treten, weil das KAGG der Kapitalanlagegesellschaft alle Außenbeziehungen als im

D. Ergebnis

eigenen Namen durchzuführende Aufgaben zuweist, weswegen für Organisationsvereinbarungen in bezug auf die Geschäftsführung und Vertretung kein Raum bleibt.

Die Beziehungen zwischen den beiden Trägern der aufgespaltenen Dienstleistung „Investmentsparen" beschränken sich somit auf ein besonderes Schuldverhältnis im Sinne des siebenten Abschnitts des zweiten Buches des BGB.

Teil 3: Die Rechtsbeziehungen zwischen der Depotbank und den Anteilinhabern nach dem Ausscheiden der Kapitalanlagegesellschaft aus dem Investment-Dreieck

In bemerkenswerter Kürze regelt der KAGG-Gesetzgeber in § 14 Abs. 1 und 2 die Folgen des Ausscheidens der Kapitalanlagegesellschaft aus ihrem Vertrag mit den Anteilinhabern.

Scheidet die Kapitalanlagegesellschaft aus einem der in § 13 genannten Gründen aus einem Vertragsverhältnis mit den Anteilinhabern aus, das die Verwaltung eines nach der Miteigentumslösung organisierten Sondervermögens zum Gegenstand hat, so geht nach § 14 Abs. 1 das Verfügungsrecht über das Sondervermögen auf die Depotbank über.

Handelt es sich um ein Sondervermögen der Treuhandlösung, so geht das Sondervermögen auf die Depotbank über.

In beiden Fällen hat die Depotbank gemäß § 14 Abs. 2 das Sondervermögen entweder abzuwickeln oder mit Genehmigung der Bankaufsichtsbehörde einer anderen Kapitalanlagegesellschaft die Verwaltung nach Maßgabe der bisherigen Vertragsbedingungen zu übertragen.

Die der Depotbank mit dem Ausscheiden der Kapitalanlagegesellschaft erwachsenden Pflichten unterscheiden sich von ihren eigentlichen Depotbankaufgaben.

An die Stelle der Kontrolle der Kapitalanlagegesellschaft tritt die unmittelbare Verantwortung für das Sondervermögen. Der Zweck der in § 14 getroffenen Regelungen besteht erkennbar darin, die Aufgabenstellung der Depotbank so abzuändern, daß die Lücke, die durch das Ausscheiden der Kapitalanlagegesellschaft entstanden ist, geschlossen und Schaden von den Anteilinhabern abgewendet wird.

Um dieses Ziel zu erreichen, ändert der Gesetzgeber die Organisationsstrukturen. An die Stelle des Investment-Dreiecks tritt die lineare Rechtsbeziehung zwischen der Depotbank und den Anteilinhabern.

Das Schrifttum hat sich bislang, von Canaris[1] abgesehen, mit § 14 nicht näher befaßt. Die Stellungnahmen zu § 14 Abs. 1 bestehen in äußerst knapp

---
[1] Vgl. Bankvertragsrecht, Rz. 2476 ff.

Teil 3: Rechtslage nach Ausscheiden der Kapitalanlagegesellschaft 107

gehaltenen, schlagwortartigen Wendungen, wie z. B. „die treuhänderische Rechtszuständigkeit geht auf die Depotbank über",[2] „die Depotbank rückt in deren (Verf.: der Kapitalanlagegesellschaft) Position ein",[3] „das Eigentum und die Verfügungsmacht gehen über",[4] „das Sondervermögen bzw. das Verfügungsrecht geht über, die Pflicht der Kapitalanlagegesellschaft zur laufenden Verwaltung nicht",[5] „das Eigentum bzw. das Verfügungsrecht geht über"[6/7] oder „die Rechtsstellung, die die Kapitalanlagegesellschaft innehatte, geht auf die Depotbank über"[8] und schließlich „es tritt Gesamtrechtsnachfolge mit den hierfür im Schrifttum entwickelten Folgen ein".[9]

Canaris[10] sieht in § 14 Abs. 1 die Regelung einer Gesamtrechtsnachfolge, die entsprechend dem Gedanken der Funktionsnachfolge auf die zum Schutz der Anteilinhaber wesentlichen Funktionen der ausscheidenden Kapitalanlagegesellschaft beschränkt sein soll.

I. Die Ablehnung der Theorie der Gesamtrechtsnachfolge

Gegen die Ansicht von Canaris und den mit ihm im Ergebnis übereinstimmend von Roth, G. Müller und Baur vertretenen Standpunkt sprechen eine Reihe von Gründen.

Diese beginnen damit, daß der Wortlaut von § 14 Abs. 1 und 2 lediglich erkennen läßt, daß der Depotbank bestimmte Rechte übertragen werden, und zwar mit der Maßgabe, davon nur in einem ganz bestimmten Umfang, nämlich entweder zum Zwecke der Abwicklung oder der Einschaltung einer anderen Kapitalanlagegesellschaft Gebrauch zu machen. Die sich aufgrund dieser Regelung ergebende Aufgabenstellung der Depotbank unterscheidet sich so grundlegend von derjenigen der ausgeschiedenen Kapitalanlagegesellschaft, daß nicht von einem Eintritt der Depotbank in die Position der Kapitalanlagegesellschaft gesprochen werden kann.

An dieser Feststellung ändert auch die Tatsache nichts, daß der im Zuge der jüngsten Novellierung des KAGG eingefügte § 25c Abs. 1 lit. d im

---
[2] Vgl. Wendt, Treuhandverhältnisse nach dem Gesetz über Kapitalanlagegesellschaften, S. 154.
[3] Vgl. Roth, Das Treuhandmodell des Investmentrechts, S. 158.
[4] Vgl. Steder, in: Investment-Handbuch 425, § 14, Rz. 1.
[5] Vgl. Siara/Tormann, Gesetz über Kapitalanlagegesellschaften, S. 53.
[6] Vgl. Ebner von Eschenbach, Die Rechte des Anteilinhabers nach dem Gesetz über Kapitalanlagegesellschaften, S. 116.
[7] Vgl. Podewils, Investmentgesellschaften in der Bundesrepublik, S. 87.
[8] Vgl. G. Müller, Die Rechtsstellung der Depotbank im Investmentgeschäft, S. 126.
[9] Vgl. Baur, Investmentgesetze, S. 197.
[10] Vgl. Bankvertragsrecht, Rz. 2476 ff.

108 Teil 3: Rechtslage nach Ausscheiden der Kapitalanlagegesellschaft

Gesellschaftsvertrag zwischen der Kapitalanlagegesellschaft und dem Beteiligungsunternehmen eine Bestimmung darüber verlangt, daß im Falle des Erlöschens des Rechts der Kapitalanlagegesellschaft, das Beteiligungs-Sondervermögen zu verwalten, die Depotbank an die Stelle der Kapitalanlagegesellschaft tritt.

Der Umstand, daß jemand im Rahmen einer Rechtsbeziehung an die Stelle eines anderen tritt, besagt noch nichts über dessen Rechtsstellung, da ein Wechsel in der Person sowohl die Folge der Zession einer Einzelforderung (§ 398 BGB) als auch das Ergebnis des Übergangs einer Parteistellung (§ 571 Abs. 1 BGB) sei kann.

Gegen die Ansicht von Canaris ist außerdem einzuwenden, daß sich Anhaltspunkte für eine Gesamtrechtsnachfolge auch nicht im Wege der Auslegung der Vorschrift des § 14 Abs. 1 ermitteln lassen.

Von dem Ausscheiden der Kapitalanlagegesellschaft wird die Fortdauer der wichtigen Schutzpflicht, die die Depotbank nach § 12 Abs. 8 wahrzunehmen hat, nicht nur nicht berührt, sondern die Depotbank wird bei der Erfüllung dieser Aufgabe sogar in besonderem Maße gefordert. Dies gilt verstärkt im Falle des Konkurses der Kapitalanlagegesellschaft, aber auch in allen anderen Fällen ihres Ausscheidens. Stets ist die Depotbank zu erhöhter Wachsamkeit und zu der genauen Prüfung der Frage aufgerufen, ob im Zusammenhang mit dem Ausscheiden der Kapitalanlagegesellschaft Ansprüche der Anteilinhaber geltend zu machen sind.

Daneben hat die Depotbank die Verwahrung des Sondervermögens unverändert fortzuführen. Bei dieser Tätigkeit entfallen zwar nach dem Ausscheiden der Kapitalanlagegesellschaft alle mit der Verwahrung verbundenen Kontroll- und Schutzaufgaben, aber die sich aus § 12 Abs. 1 S. 1 ergebende Verpflichtung, den verwahrungsfähigen Gegenständen des Sondervermögens Raum und Obhut zu gewähren, bleibt unverändert bestehen.

Für diese Annahme spricht die Tatsache, daß die Schutzfunktion gemäß § 12 Abs. 8 wegen der in § 12 Abs. 8 Ziff. 2 letzter Halbsatz geregelten ausschließlichen Zuständigkeit der Depotbank für die Abwehr von Zwangsvollstreckungen in das Sondervermögen (§ 771 ZPO) in jedem Fall als Depotbank fortbesteht.

Ein weiteres gewichtiges Argument ergibt sich aufgrund des Umstandes, daß für das Bankgeschäft, das in der Form des Investmentgeschäfts betrieben wird, primär das KAGG gilt, während für die Depotbank, die in erster Linie Geschäftsbank oder Wertpapiersammelbank ist (§ 12 Abs. 1 S. 5), primär das KWG maßgebend ist. Wenn die Depotbank im Wege der Gesamtrechtsnachfolge in eine Position käme, in der sie im Sinne der Definition der Bankgeschäfte des § 1 Abs. 1 KWG neben ihrem eigentlichen Bankgeschäft ein weiteres zu betreiben hätte, dann ergäbe sich eine Situation, die mit den

Teil 3: Rechtslage nach Ausscheiden der Kapitalanlagegesellschaft 109

für die Funktionsfähigkeit des gesamten Kreditwesens wichtigen Zielsetzungen des KWG unvereinbar wäre.

Das KWG regelt die Ordnung im Kreditwesen durch Vorschriften, die einerseits die Struktur und andererseits die Tätigkeit der verschiedenen Kreditinstitute betreffen,[1] und es grenzt, wie der Katalog der Bankgeschäfte des § 1 Abs. 1 Ziff. 1-9 KWG zeigt, die Tätigkeitsbereiche der Universalbanken von denen der Spezialkreditinstitute sehr genau ab. An diese Unterscheidung der verschiedenen Arten des Bankgeschäfts knüpfen sämtliche Kontroll- und Steuerungsvorschriften des KWG an. Dies beginnt mit der Konzession (§ 32 Abs. 1 KWG) und setzt sich über eine Vielzahl von Bestimmungen fort, die die Eigenkapitalausstattung (§§ 10, 10a KWG), die jederzeitige Zahlungsfähigkeit (§§ 11 ff. KWG), die Meldepflichten (§§ 24 ff. KWG) und die Bilanzgliederung (§§ 25a ff. KWG) betreffen.

Für die Kapitalanlagegesellschaften enthält das KAGG in den §§ 1-4 sowie in § 17 die entsprechenden Vorschriften, durch die in Ergänzung der Regelungen des KWG auf die Struktur und auf die Tätigkeit von Kapitalanlagegesellschaften in sehr umfassender Weise Einfluß genommen wird.

Würde beispielsweise eine als Privatbank in der Rechtsform einer Personengesellschaft geführte Depotbank im Wege der Rechtsnachfolge die Funktion einer Kapitalanlagegesellschaft übernehmen, so wäre keine der Voraussetzungen, die das KAGG in den §§ 1-4 und in § 17 aus Anlegerschutzgründen bezüglich der Organisation und der Tätigkeit von Kapitalanlagegesellschaften aufstellt, erfüllt. Abgesehen von der außerordentlich engen Begriffsbestimmung in § 1 Abs. 1 würden die Anforderungen an die Rechtsform (§ 1 Abs. 2) nicht erfüllt, und es wäre außerdem weder der Ausschluß jeder anderen gewerblichen Betätigung gegeben (§ 2 Abs. 2 lit. c), noch könnten die Vorschriften der §§ 3 und 4 über die Bildung eines Aufsichtsrats und die spezielle Qualifikation seiner Mitglieder eingehalten werden. Das Erfordernis des § 17, der eine jederzeit verfügbare Liquidität in Höhe von 20 % des Eigenkapitals der Kapitalanlagegesellschaft fordert, würde mit den §§ 10 und 10a ff. des KWG kollidieren, die für die Depotbank als Bank detaillierte Liquiditätsvorschriften und darauf abgestimmte Meldevorschriften enthalten. Diese Liquiditäts- und Meldevorschriften zählen zu den wichtigsten Kontroll- und Steuerungselementen der Bankaufsichtsbehörde.

Daß der Gesetzgeber auch nur die Möglichkeit einer Beeinträchtigung dieses Kontrollsystems durch die Gesamtrechtsnachfolge einer Geschäftsbank in die Stellung einer Kapitalanlagegesellschaft in Kauf genommen haben sollte, kann angesichts der Bedeutung, die den Liquiditäts- und Meldevorschriften des KWG zukommt, als ausgeschlossen angesehen werden.

---
[1] Vgl. Szagun/Wohlschieß, Gesetz über das Kreditwesen, Einleitung, Abschnitt IV. — Bähre/Schneider, KWG-Kommentar, Einleitung, Ziff. 2.

Zusammenfassend kann deshalb festgestellt werden, daß keine Anhaltspunkte für den Eintritt der Depotbank in die Rechtsstellung der Kapitalanlagegesellschaft gegeben sind.

Es spricht vielmehr alles dafür, daß die Depotbank auch nach dem Ausscheiden der Kapitalanlagegesellschaft weiterhin als Depotbank mit einer allerdings den veränderten Umständen angepaßten Aufgabenstellung tätig zu bleiben hat.

II. Die Vermögenssicherungspflicht der Depotbank

1. Inhalt und Umfang der Aufgabe

In den Fällen der Treuhandlösung stellt die Vorschrift über den Übergang des Sondervermögens die Regelung einer Eigentumsübertragung kraft Gesetzes dar. Durch die Eigentumsübertragung, aber auch durch den Übergang des Verwaltungsrechts in den Fällen der Miteigentumslösung, wird die Depotbank von Gesetzes wegen in eine Treuhänderstellung berufen. Das Treuhandverhältnis entsteht aufgrund der Tatsache, daß die Depotbank in beiden Fällen Rechte zur Ausübung im eigenen Namen erhält, wovon sie entsprechend der Vorschrift des § 14 Abs. 2 im Innenverhältnis nur zugunsten der Anteilinhaber Gebrauch machen darf. Im Zusammenhang mit der Übertragung des Verfügungsrechts über die Gegenstände des Sondervermögens wird zwar nicht ausdrücklich zum Ausdruck gebracht, daß die Depotbank dieses Recht im eigenen Namen ausübt, aber aufgrund der Tatsache, daß der Kapitalanlagegesellschaft die treuhänderische Ermächtigung zur Verfügung der Gegenstände des Sondervermögens erteilt war sowie im Hinblick darauf, daß die Depotbank auch die ihr nach § 12 Abs. 8 zustehenden Rechte im eigenen Namen auszuüben hat, bestehen keine Zweifel, daß auch die Übertragung des Verfügungsrechts in § 14 Abs. 1 zur Ausübung im eigenen Namen erfolgt.

Gegenstand der nach § 14 Abs. 2 zugunsten der Anteilinhaber zu erfüllenden Aufgabe ist in der gleichen Weise, wie dies bei den übrigen Depotbankaufgaben der Fall ist, die selbständie Besorgung von Vermögensangelegenheiten der Anteilinhaber. Aus diesem Grunde sind auf das dem Treuhandverhältnis zugrundeliegende gesetzliche Schuldverhältnis die Vorschriften über den auf eine Geschäftsbesorgung gerichteten Dienstvertrag (§§ 675, 611 ff. BGB) anzuwenden.[1]

Die damit verbundene Aufgabenstellung, das Sondervermögen entweder abzuwickeln oder eine andere Kapitalanlagegesellschaft einzuschalten, ent-

---

[1] Vgl. oben Teil 2 Abschnitt B II 2.

spricht in ihrem ersten Teil dem Zweck der Tätigkeit von Abwicklern von Kapitalanlagegesellschaft (§§ 268 Abs. 1 AktG und 70 GmbHG).

Die Abwicklung des Sondervermögens hat durch die Veräußerung der Vermögensgegenstände und die Verteilung des nach Abzug bestehender Verbindlichkeiten verbleibenden Überschusses zu erfolgen.[2] Die von einigen Autoren angesprochene Abwicklung durch Aufteilung des Sondervermögens in Natur[3] ist bei Grundstücks-Sondervermögen sowie bei Beteiligungs-Sondervermögen nicht durchführbar und bei Wertpapier-Sondervermögen nicht praktikabel. Da eine Kapitalanlagegesellschaft nach § 8 Abs. 4 für alle von ihr verwalteten Sondervermögen insgesamt nur 5-10 % der Wertpapiere eines Ausstellers erwerben darf, setzen sich die Wertpapierbestände der Sondervermögen aus einer Vielzahl von Einzelpositionen zusammen. Eine Aufteilung in Natur ist nur durchführbar, wenn der auf jeden Anteilschein entfallende Anteil an jeder der verschiedenen Effektenpositionen rechnerisch dem Wert eines Wertpapiers entspricht, was vor allem bei Sondervermögen im Wert von mehr als 1 Mrd. DM mit einer entsprechend hohen Anzahl unterschiedlicher Wertpapierpositionen und der Vielzahl der Anteilinhaber nur in seltenen Ausnahmefällen gegeben sein dürfte. Da infolge der Vorschriften über die Risikomischung von Wertpapieranlagen eine Abwicklung durch Verteilung des Vermögens in Natur praktisch nicht durchführbar ist und bei Grundstücks-Sondervermögen sowie Beteiligungs-Sondervermögen diese Art der Abwicklung von vornherein ausscheidet, ist § 14 Abs. 2 S. 1 dahingehend zu interpretieren, daß mit dem Auftrag, das Sondervermögen abzuwickeln, die Aufgabenstellung gemeint ist, die in § 268 Abs. 1 AktG und in § 70 GmbHG für die Abwickler von Kapitalanlagegesellschaften vorgeschrieben wird.[4] Im Rahmen dieser Tätigkeit muß die Depotbank, wenn die Abwicklung dies erfordert, auch neue Geschäfte eingehen. Grundsätzlich ist sie jedoch weder berechtigt noch verpflichtet, im Rahmen der Abwicklung über das Erreichte hinaus weitere Anlageerfolge anzustreben.[5]

Sie hat den laufenden Eingang der Erträge zu überwachen und die Abwicklung von schwebenden Geschäften, die die ausgeschiedene Kapitalanlagegesellschaft für das Sondervermögen abgeschlossen hat, zu vollziehen.

---

[2] Ebner von Eschenbach, Die Rechte des Anteilinhabers nach dem Gesetz über Kapitalanlagegesellschaften, S. 116. — Siara/Tormann, Gesetz über Kapitalanlagegesellschaften, S. 53. — G. Müller, Die Rechtsstellung der Depotbank im Investmentgeschäft, S. 129.

[3] Canaris, Bankvertragsrecht, Rz. 2470. — Reuter, Investmentfonds und die Rechtsstellung der Anteilinhaber, S. 125.

[4] Steder, in: Investment-Handbuch 425, § 14, Rz. 3.

[5] Siara/Tormann, Gesetz über Kapitalanlagegesellschaft, S. 53. — Baur, Investmentgesetze, S. 198.

Soweit es sich dabei um Wertpapiergeschäfte handelt, wird die Depotbank vor keine ihr fremde Aufgabe gestellt. Wenn sie jedoch ein Grundstücks-Sondervermögen abzuwickeln hat, kommen Aufgaben auf sie zu, die außerhalb des Tätigkeitsbereiches einer Geschäftsbank und vor allem einer Wertpapiersammelbank liegen, der nach § 12 Abs. 1 S. 4 die Depotbankeigenschaft ausdrücklich zuerkannt wird.

Die Abwicklung eines Grundstücks-Sondervermögens, das sich, wie die Geschäftsberichte einer Reihe von Grundstücks-Kapitalanlagegesellschaften zeigen, durchaus aus 50 bis 100 Liegenschaften im Wert von 1 Mrd. DM zusammensetzen kann, ist keine Aufgabe, die in einigen Wochen oder Monaten zum Abschluß gebracht werden kann. Dies gilt vor allem dann, wenn sich im Sondervermögen Grundstücke im Zustand der Bebauung (§ 27 Abs. 1 Ziff. 2) befinden. Da für solche Vermögensgegenstände nur in Ausnahmefällen Kaufinteressenten zu finden sein dürften, trägt die Depotbank die Verantwortung dafür, daß begonnene Baumaßnahmen zum Abschluß gebracht und die Liegenschaft anschließend veräußert wird. Handelt es sich bei einer solchen Baumaßnahme um ein ganzes Einkaufszentrum oder um eine großes Verwaltungsgebäude, das nach seiner Fertigstellung unvermietet nicht oder nur unter den Gestehungskosten zu verkaufen ist, so erstreckt sich die Verpflichtung der Depotbank zur interessenwahrenden Abwicklung des Sondervermögens auch auf die Vermietung einer solchen Liegenschaft.

Nicht nur in solchen Sonderfällen stellt die Abwicklung eines Grundstück-Sondervermögens die Depotbank vor Probleme, die nicht einfach zu lösen sind.

Die interessenwahrende Verwertung eines großen Immobilienbestandes erfordert in jedem Falle viel Zeit. Während der Dauer der Verwertung ist die Betreuung der einzelnen Immobilien mit einer Fülle von Fragen technischer und kaufmännischer Art verbunden.

Die Aufgaben, die in Form von laufenden Instandhaltungen und Reparaturen, aber auch im Bereich der kaufmännischen Verwaltung wegen der großen Zahl von Mietverhältnissen in Form des Mietinkassos und der Mietnebenkostenabrechnung auf die Depotbank zukommen, müssen nicht bis in alle Einzelheiten erörtert werden, um zu der Feststellung zu gelangen, daß die Depotbank durch die Vorschrift des § 14 Abs. 1 und 2 in die Pflicht genommen wird, die durch das Ausscheiden der Kapitalanlagegesellschaft entstehenden Nachteile von den Anteilinhabern abzuwenden. Diese Aufgabenstellung weicht insofern von derjenigen von Abwicklern nach §§ 268 ff. AktG und §§ 70 ff. GmbHG ab, als nach dem Ausscheiden der Kapitalanlagegesellschaft auch deren gesamter Apparat nicht mehr zur Verfügung steht, woraus sich bei der Abwicklung von großen Sondervermögen die Notwendigkeit ergibt, personelle und organisatorische Vorkehrungen zu treffen, um die vor allem bei Grundstücks-Sondervermögen anfallenden Aufgaben

Teil 3: Rechtslage nach Ausscheiden der Kapitalanlagegesellschaft 113

sachgerecht lösen zu können. Diese Vorkehrungen muß die Depotbank nach dem Ausscheiden der Kapitalanlagegesellschaft auch dann sofort in die Wege leiten, wenn sie die Einschaltung einer neuen Kapitalanlagegesellschaft in Betracht zieht (§ 14 Abs. 2 S. 2 Halbs. 2), da die Durchführung dieser Maßnahme erst vorbereitet und von der Bankaufsichtsbehörde genehmigt werden muß.

Ob die Depotbank von dieser Möglichkeit Gebrauch macht, muß sie nach pflichtgemäßem Ermessen entscheiden, wobei nachhaltige Bemühungen wegen der Einschaltung einer neuen Kapitalanlagegesellschaft vor allem dann geboten sind, wenn im Hinblick auf die Marktlage oder wegen anderer Umstände im Falle der Abwicklung kein angemessener Veräußerungserlös zu erwarten ist.[6]

Die Alternativen des § 14 Abs. 2 werden der Depotbank also unter dem Gesichtspunkt der Sicherung der im Sondervermögen zusammengefaßten Vermögensgegenstände an die Hand gegeben.[7]

2. Die über die Regelung einer Vermögenssicherungspflicht hinausgehende Bedeutung der §§ 13 und 14

Der Zweck des § 14, vorhandene Vermögenswerte vor der Verschleuderung zu bewahren, wird auch in anderen Gesetzen in vielfältiger Weise angestrebt, wobei außer dem Gesichtspunkt des Anleger-/Gläubigerschutzes vor allem der Schuldnerschutz sowie allgemein volkswirtschaftliche Gründe der Vermögenserhaltung eine Rolle spielen.

Das Besondere an der Pflicht der Depotbank, den Wert des Sondervermögens zu sichern, besteht darin, daß diese Aufgabe durch die in § 13 geregelten Tatbestände ausgelöst wird, die alle der Sphäre der Kapitalanlagegesellschaft zuzuordnen sind und sogar den Fall erfassen, daß die Kapitalanlagegesellschaft von dem ihr gesetzlich eingeräumten Recht der Kündigung ihres Vertrages mit den Anteilinhabern Gebrauch macht.

Mit der Inpflichtnahme der Depotbank, in jedem der in § 13 geregelten Fälle des Ausscheidens der Kapitalanlagegesellschaft für die Abwicklung des Sondervermögens zu sorgen, schützt der Gesetzgeber die Anteilinhaber in einer sehr umfassenden Weise.

Nachdem er zunächst aus Gründen des Anlegerschutzes die Aufspaltung der Dienstleistung „Investmentsparen" in die beiden Leistungsbereiche der Verwaltung und der Verwahrung des Sondervermögens anordnet, nimmt er mögliche Nachteile dieser Aufspaltung sofort wieder von den Anteilinha-

---
[6] Baur, Investmentgesetze, S. 198.
[7] Canaris, Bankvertragsrecht, Rz. 2480.

bern, indem er in einer an dem Grundgedanken des § 139 BGB orientierten Weise beim Wegfall des von der Kapitalanlagegesellschaft zu erbringenden Beitrages mit der Anordnung der Abwicklung auch die Verwahrungstätigkeit auslaufen und darüber hinaus die Depotbank mit dem Auftrag, die Abwicklung durchzuführen, die Folgen des Ausscheidens der Kapitalanlagegesellschaft aufarbeiten läßt.

Bei der dogmatischen Einordnung dieser Depotbankpflicht kann das Gesellschaftsverhältnis mit der Kapitalanlagegesellschaft keine Rolle spielen, da es sich um eine reine Innengesellschaft handelt.

Auch die Schutzfunktion, die die Depotbank zugunsten der Anteilinhaber ausübt, solange die Kapitalanlagegesellschaft tätig ist, ist nicht geeignet, die Verpflichtung der Depotbank zu erklären, nach dem Ausscheiden der Kapitalanlagegesellschaft als Abwickler tätig werden zu müssen. Der Vergleich des Inhalts und Umfangs der Aufgaben, die die Depotbank vor und nach dem Ausscheiden der Kapitalanlagegesellschaft zugunsten der Anteilinhaber auszuüben hat, zeigt, daß der Zweck, der mit diesen Tätigkeit angestrebt wird, unterschiedlich ist.

Die bis zum Ausscheiden der Kapitalanlagegesellschaft bestehende Aufgabe, die Kapitalanlagetätigkeit zu überwachen, beschränkt sich, wie oben festgestellt,[8] auf die Kontrolle der Rechtmäßigkeit der Tätigkeit der Kapitalanlagegesellschaft. Nach deren Ausscheiden hat die Depotbank das Sondervermögen in eigener Verantwortung zu verwalten, bis sie es entweder abgewickelt oder einer anderen Kapitalanlagegesellschaft zur Verwaltung anvertraut hat. Diese Pflicht der Depotbank zur interimistischen Verwaltung unterscheidet sich von der Aufgabenstellung her so sehr von der Kontrolle der Kapitalanlagegesellschaft, daß die zweite Aufgabe nicht aus der ersten erwachsen kann.

Der Unterschied zwischen den beiden Aufgaben wird im Falle der Grundstücks-Sondervermögen in besonderem Maße deutlich. Die Pflicht der Depotbank, als Abwickler eines Grundstück-Sondervermögens unter Umständen begonnene Baumaßnahmen zum Abschluß zu bringen und Vermietungen durchzuführen, kann nicht als Ausfluß der in § 31 Abs. 1 geregelten Pflicht angesehen werden, den Bestand der Grundstücke zu kontrollieren.

Auch die Verwahrungstätigkeit beinhaltet aufgrund der Tatsache, daß der Verwahrer lediglich für die Erhaltung des körperlichen Zustandes der in Verwahrung genommenen Gegenstände verantwortlich ist, grundlegend andere Pflichten, als die in § 14 geforderte Sicherung des Wertes des Sondervermögens. Daß die Pflicht zur interessenwahrenden Abwicklung des Sondervermögens nicht als eine Modifizierung des Verwahrungsauftrages angesehen werden kann, läßt sich wiederum am Beispiel der Grundstücks-Son-

---

[8] Siehe Teil 2 Abschnitt C I.

Teil 3: Rechtslage nach Ausscheiden der Kapitalanlagegesellschaft 115

dervermögen anschaulich belegen. Obwohl die Grundstücke nicht Gegenstand des Verwahrungsauftrages der Depotbank sind, unterfallen sie dennoch ihrer Vermögenssicherungspflicht nach § 14.

Schließlich spricht für die Annahme, daß die Aufgabenstellung, die § 14 der Depotbank zuweist, nicht als die logische Fortsetzung ihrer Schutzpflichten anzusehen ist, auch die Tatsache, daß der Gesetzgeber der Kapitalanlagegesellschaft erlaubt, sich durch eine einfache Kündigung aus allen Bindungen gegenüber den Anteilinhabern und gegenüber der Depotbank zu lösen. Daß der Depotbank auch in diesem Falle die Aufgabe zufällt, die Anteilinhaber vor Schaden zu bewahren, kann nicht mehr als Ausfluß ihrer Schutzpflichten angesehen werden. Dieses außerordentlich weitgehende Einstehenmüssen der Depotbank für das Verhalten ihres Partners ist nur zu erklären, wenn man berücksichtigt, daß der KAGG-Gesetzgeber bei der Kodifizierung des Investmentrechts an die von der Praxis geschaffenen Gegebenheiten angeknüpft hat. Wie oben[9] im einzelnen ausgeführt, war die in das KAGG übernommene Arbeitsteilung zwischen der verwaltenden Investmentgesellschaft auf der einen und der verwahrenden Depotbank auf der anderen Seite gängige Praxis, bevor der Gesetzgeber tätig wurde. Die Initiative war von Banken ausgegangen, die in dem Bestreben, neue Bevölkerungskreise für eine Kapitalanlage in Wertpapieren zu gewinnen, Investmenttochtergesellschaften gegründet hatten und in Zusammenarbeit mit diesen die Dienstleistung des Investmentsparens anboten.

In der Vorschrift des § 14 kommt somit die Haltung des Gesetzgebers gegenüber den Banken zum Ausdruck, die die Aufspaltung des bis dahin als übliche Bankdienstleistung erbrachten Effektengeschäfts initiiert haben.

Die Entscheidung des Gesetzgebers, den Initiator gegenüber den Gläubigern der aufgespaltenen Dienstleistung für die Leistungsfähigkeit und auch für die Leistungsbereitschaft (Kündigung) seines Kooperationspartners unter dem Gesichtspunkt der Schadensabwendung durch eine interessenwahrende Abwicklung oder die Einschaltung eines geeigneten neuen Kooperationspartners einstehen zu lassen, kann sicherlich nicht ohne weiteres auf andere Aufspaltungsfälle übertragen werden.

Allerdings sollten die in den §§ 13 und 14 getroffenen Regelungen auch nicht ausschließlich unter dem Blickwinkel gesehen werden, daß es sich hierbei um Schutzvorschriften zugunsten von Investmentsparern handelt.

Im Hinblick darauf, daß das Institut des Einwendungsdurchgriffs die Verbraucher nur als Schuldner einer aufgespaltenen Leistung schützt, ist es von Bedeutung, daß der Gesetzgeber im KAGG Vorschriften über ihren Schutz als Gläubiger einer aufgespaltenen Dienstleistung aufstellt und zur Über-

---
[9] Vgl. Teil 1 Abschnitt IV.

windung bestimmter Folgen der Aufspaltung Handlungspflichten zur Schadensabwendung im Rahmen eines gesetzlichen Schuldverhältnisses statuiert.

Schlußbemerkung

Im Zuge der Vorkehrungen, das Investmentsparen auf eine gesetzliche Grundlage zu stellen und den Schutz der Anteilinhaber zu verbessern, hat der Gesetzgeber nicht nur in den §§ 13 und 14 Regelungen getroffen, deren Bedeutung über das eigentliche Anliegen, Organisations-, Aufsichts- und Schutzbestimmungen für das Investmentsparen zu setzen, hinausgeht. Auch die Anpassung der Treuhandlösung an die Miteigentumslösung hat zu Entscheidungen grundsätzlicher Art geführt.

Auf den Modellcharakter der Ausgestaltung der Treuhandregelungen, die in ihrer Schutzwirkung an den anglo-amerikanischen Trust heranreichen, wurde oben bereits verwiesen.[1]

Aber auch in bezug auf die Bruchteilsgemeinschaft ist festzustellen, daß der Gesetzgeber eine Dehnung dieser Organisationsform vorgenommen hat, die nicht nur als Sonderregelung für das Investmentrecht bedeutsam ist.

Der Ausschluß der Rechte nach §§ 749 Abs. 2 und 751 BGB sowie der Ausschluß des Verfügungsrechts über den Anteil an den einzelnen Vermögensgegenständen (§ 747 BGB) wurde oben bereits erörtert.[2] Das Bild von der Miteigentümergemeinschaft der Anteilinhaber bleibt jedoch unvollständig, wenn nicht in die Betrachtung auch die Auswirkungen einbezogen werden, die sich dadurch ergeben, daß die gesamte Rechtsstellung der Anteilinhaber in kleingestückelten Inhaberanteilscheinen verbrieft wird. Diese Verbriefung führt dazu, daß sich der Beitritt zu der Miteigentümergemeinschaft durch den Erwerb der Anteilscheine vollzieht, was zur Folge hat, daß eine Gemeinschaft entsteht, über deren Mitglieder nichts bekannt ist, und zwar noch nicht einmal die genaue Zahl der Miteigentümer, da in der Regel mehr als ein Anteil erworben wird.

Die einzig konkrete Aussage, die über die Gemeinschaft der Anteilinhaber gemacht werden kann, ist die Angabe der im Umlauf befindlichen Inhaberanteilscheine und die Bezifferung ihres Vermögens.[3]

Die Verbriefung der Rechtsstellung der Anteilinhaber führt also dazu, daß die Person des einzelnen Berechtigten gänzlich in den Hintergrund tritt. Bei

---
[1] Siehe Teil 2, Abschnitt A II 2.
[2] Siehe Teil 2, Abschnitt A I 2.
[3] Vgl. oben Teil 2, Abschnitt A I 2 und Abschnitt B II 3.

der Entscheidung der Frage, ob eine Miteigentümergemeinschaft gemäß § 6 Abs. 1 S. 2 besteht, muß vom Vermögen und von den im Umlauf befindlichen Anteilen her auf die Existenz der namentlich und zahlenmäßig nicht bekannten Miteigentümer geschlossen werden.

Die Rolle des einzelnen Miteigentümers erschöpft sich in der rein formalen Position, Inhaber eines Miteigentumsanteils zu sein. Alle Rechte, die an sich jedem Miteigentümer aufgrund seines Miteigentums zustehen, sind ausgeschlossen. Lediglich das Recht, über den Anteil an dem gesamten Vermögen zu verfügen und seine Auszahlung verlangen zu können (§ 11 Abs. 2), wird dem einzelnen Miteigentümer eingeräumt. Angesichts dieser Gestaltung erscheint die Feststellung berechtigt, daß der Begriff des investmentrechtlichen Miteigentums nicht mehr für den Inhalt spezifischer Rechtsbeziehungen zwischen den Mitgliedern dieser Gemeinschaft, sondern nur noch für eine bestimmte Form der organisatorischen Zusammenfassung einer Vielzahl unbekannter Beteiligter steht.

Der Ausschluß fast aller Rechte, die an sich aus dem Miteigentumsrecht fließen, führt zwangsläufig dazu, daß die Gemeinschaft nicht durch ihre Mitglieder, sondern daß sie fremdverwaltet wird, wodurch das atypische Erscheinungsbild zusätzlich geprägt wird.

Durch die Ermächtigung der Kapitalanlagegesellschaft, alle die Verwaltung der Gemeinschaft betreffenden Befugnisse wahrzunehmen, und durch die Verbriefung der Rechtsstellung der Anteilinhaber hat der KAGG-Gesetzgeber in ähnlicher Weise, in der in der Praxis die Kommanditgesellschaft zur Publikums-Kommanditgesellschaft mit zum Teil mehreren Hundert Kommanditisten und deren Vertretern in der Gesellschaft durch einen Treuhandkommanditisten umgestaltet hat, auch die Miteigentümergemeinschaft zur Publikums-Gemeinschaft umgestaltet.

Da der Gesetzgeber, wie sich aus § 11 Abs. 1 ergibt, trotz aller Modifikationen von einer Gemeinschaft nach §§ 741 ff. BGB ausgeht,[4] stellt die Miteigentumsregelung des § 6 Abs. 1 S. 2 den Fall einer sehr weitreichenden gesetzlichen Typendehnung dar.

---

[4] Vgl. hierzu auch oben Teil 2, Abschnitt A I 2.

Anhang

1. Mustervertragsbedingungen für Wertpapier-Sondervermögen*
2. Mustervertragsbedingungen für Grundstücks-Sondervermögen

MUSTER-VERTRAGSBEDINGUNGEN
FÜR WERTPAPIER-SONDERVERMÖGEN

zur Regelung des Rechtsverhältnisses zwischen den Anteilinhabern und der X-Kapitalanlagegesellschaft mbH in A-Stadt für die von der Gesellschaft aufgelegten Wertpapier-Sondervermögen.

§ 1 Grundlagen

1. Die X-Kapitalanlagegesellschaft m.b.H. ist eine Kapitalanlagegesellschaft im Sinne des Gesetzes über Kapitalanlagegesellschaften (KAGG) i. d. F. der Bekanntmachung vom 14. Januar 1970 (BGBl. I S. 127). Sie untersteht der Aufsicht des Bundesaufsichtsamtes für das Kreditwesen in Berlin.
2. Sie legt bei ihr eingelegtes Geld im eigenen Namen für gemeinschaftliche Rechnung der Einleger nach dem Grundsatz der Risikomischung in Wertpapieren gesondert von dem eigenen Vermögen in Form von Sondervermögen an. Über die hieraus sich ergebenden Rechte der Einleger (Anteilinhaber) werden von der Gesellschaft Urkunden (Anteilscheine) ausgestellt.
3. Die Anteilinhaber sind an den jeweiligen Vermögenswerten der Sondervermögen in Höhe ihrer Anteile als Miteigentümer bzw. Gläuber nach Bruchteilen beteiligt.

alternativ:

3. Die Sondervermögen stehen im Eigentum der X-Kapitalanlagegesellschaft, die sie treuhänderisch für die Anteilinhaber verwaltet.

§ 2 Depotbank

1. Die Bank AG., B-Stadt, ist Depotbank im Sinne des KAGG.

---

* Quelle: Textsammlung Investment, herausgegeben vom Bundesverband Deutscher Investment-Gesellschaften e. V., Frankfurt/M.

2. In dieser Eigenschaft obliegen ihr die nach dem KAGG und diesen Vertragsbedingungen im Interesse der Anteilinhaber vorgeschriebenen Überwachungs- und Kontrollaufgaben.
3. Sie hat insbesondere
   a) die Gegenstände des Sondervermögens zu verwahren;
   b) die Ausgabe und Rücknahme von Anteilscheinen vorzunehmen;
   c) die Ausgabe- und Rücknahmepreise zu berechnen;
   d) gegebenenfalls die Ertragsausschüttungen vorzunehmen;
   e) im Falle der Auflösung das Sondervermögen abzuwickeln.

§ 3 Verwaltung der Sondervermögen, Kreditaufnahme

1. Die Gesellschaft erwirbt und verwaltet die Wertpapiere für die Sondervermögen im eigenen Namen für gemeinschaftliche Rechnung der Anteilinhaber mit der Sorgfalt eines ordentlichen Kaufmanns.
2. Sie ist berechtigt, mit den von den Anteilinhabern eingelegten Geldern die Anlagewerte zu erwerben, diese wieder zu veräußern und den Erlös anderweitig anzulegen; sie ist ferner ermächtigt, alle sich aus der Verwaltung der Vermögenswerte der Sondervermögen ergebenden sonstigen Rechtshandlungen vorzunehmen.
3. Die Gesellschaft darf für gemeinschaftliche Rechnung der Anteilinhalber Kredite in besonderen Fällen für kurze Zeit bis zur Höhe von 10 v. H. des jeweiligen Sondervermögens aufnehmen.

§ 4 Anlagegrundsätze

1. Den Sondervermögen sollen die in den „Besonderen Bedingungen" (§§ 15 ff.) aufgeführten Wertpapierarten zugeführt werden.
2. Für die Sondervermögen können auch Bezugsrechte und junge Aktien erworben werden, wenn der Erwerb der alten Aktien zugelassen ist.

§ 5 Anlagegrenzen

1. Bei der Anlage in Wertpapieren sind die durch § 8 KAGG vorgeschriebenen Grenzen zu beachten.
2. Mit Zustimmung des Bundesaufsichtsamts für das Kreditwesen dürfen im Einzelfall Wertpapiere desselben Ausstellers über den Wertanteil von 5% am jeweiligen Sondervermögen hinaus erworben werden.
3. Der Teil des jeweiligen Sondervermögens, der nicht in Wertpapieren angelegt ist (Bankguthaben), darf X% des jeweiligen Wertes aller Fondsgegenstände nicht übersteigen. Eine vorübergehende Anlage des Bankguthabens in Geldmarktpapieren ist zulässig. Ein Mindestbankguthaben ist nicht vorgeschrieben.

§ 6 Anteilscheine

1. Die Anteilscheine sind auf den Inhaber ausgestellt und lauten auf einen Anteil oder mehrere Anteile.
2. Die Anteilscheine werden mit den vervielfältigten Unterschriften der Geschäftsführung der Gesellschaft und der Bank AG. als Depotbank versehen sowie von einem Kontrollbeamten handschriftlich unterzeichnet.
3. Ist die Ausschüttung der Erträge des Sondervermögens vorgesehen, so werden zu jedem Anteilschein gleichzeitig Ertragsscheine und ein Erneuerungsschein ausgegeben, welche bei sämtlichen Geschäftsanteilen der Bank AG. kostenlos sowie durch die Vermittlung anderer Kreditinstitute einlösbar sind.
4. Sämtliche in dem Anteilschein verbrieften Rechte sind übertragbar. Sofern im Einzelfall nichts anderes vereinbart ist, gilt jede Übergabe des Anteilscheins als Übertragung der in ihm verbrieften Rechte. Der Gesellschaft gegenüber gilt in jedem Falle der Inhaber des Anteilscheins als der Berechtigte.

§ 7 Ausgabe und Rücknahme von Anteilscheinen

1. Die Anzahl der auszugebenden Anteile und der entsprechenden Anteilscheine ist grundsätzlich nicht beschränkt; der Gesellschaft bleibt eine solche Beschränkung jedoch vorbehalten.
2. Die Anteilscheine können bei der Gesellschaft, der Depotbank oder durch Vermittlung anderer Kreditinstitute oder Dritter erworben werden.
3. Der Erwerb eines Anteils gilt als Zustimmung zu den Vertragsbedingungen in ihrer jeweiligen Fassung.
4. Die Anteilinhaber können von der Gesellschaft die Rücknahme der Anteilscheine verlangen. Die Gesellschaft ist verpflichtet, die Anteilscheine zum jeweils geltenden Rücknahmepreis für Rechnung des Sondervermögens zurückzunehmen. Die Bestimmungen des § 8 Abs. 5 bleiben unberührt.

§ 8 Ausgabe- und Rücknahmepreis

1. Zur Errechnung des Ausgabe- und Rücknahmepreises der Anteilscheine wird der Wert der zu den Sondervermögen gehörenden Vermögensgegenstände (Inventarwert) von der Depotbank ermittelt und durch die Zahl der umlaufenden Anteile geteilt (Anteilwert). Dabei werden die Wertpapiere mit den zuletzt bekanntgewordenen Kursen und Preisfeststellungen bewertet. In ausländischer Währung bewertete Vermögensgegenstände werden in den jeweils festgestellten Mittelkursen der Währung in DM umgerechnet.
2. Bei Festsetzung des Ausgabepreises wird dem Anteilwert zur Abgeltung der Ausgabekosten ein Ausgabeaufschlag hinzugerechnet, dessen Höhe sich aus den „Besonderen Bedingungen" ergibt. Der sich hieraus ergebende Betrag wird jeweils auf volle DM -,10 aufgerundet.

3. Außer dem Ausgabeaufschlag werden von der Gesellschaft keine weiteren Beträge von den Zahlungen des Anteilerwerbers zu Deckung von Kosten abgezogen.
4. Der Rücknahmepreis ist der nach Abs. 1 ermittelte Anteilwert, abgerundet auf volle DM -,10.
5. Die Abrechnung von Anteilkäufen und -rückgaben findet grundsätzlich wie folgt statt:
Soweit die Kaufaufträge bis zum Schluß der Börse in C-Stadt am Tage der Ausgabepreisfeststellung bei der Depotbank eingegangen sind, werden sie zu dem an diesem Tag ermittelten Ausgabepreis abgerechnet, anderenfalls erfolgt die Abrechnung zum nächstfolgenden Ausgabepreis. Entsprechendes gilt für die Rücknahme von Anteilen; der Gesellschaft bleibt jedoch vorbehalten, erst die Rücknahme zum alsdann gültigen Rücknahmepreis vorzunehmen, nachdem sie unverzüglich, jedoch interessewahrend, entsprechende Fondswerte veräußert hat.

§ 9 Kosten der Verwaltung

1. Für die Verwaltung des Sondervermögens erhält die Gesellschaft eine vierteljährliche Vergütung, die aus dem Wert des Sondervermögens errechnet wird, welcher sich aus der jeweils letzten Wertberechnung in jedem Quartal eines jeden Geschäftsjahres ergibt. Der Vergütungssatz ergibt sich aus den „Besonderen Bedingungen".
2. Die Depotbank erhält für die Verwahrung des Sondervermögens die banküblichen Depotgebüren sowie ferner eine vierteljährliche Vergütung, die aus dem Wert des Sondervermögens errechnet wird, welcher sich aus der jeweils letzten Wertberechnung in jedem Quartel eines jeden Geschäftsjahres ergibt. Der Vergütungssatz ergibt sich aus den „Besonderen Bedingungen".
3. Der Gesellschaft bzw. der Depotbank sind außerdem folgende Aufwendungen zu ersetzen:
    a) die Kosten für Druck und Versand der Rechenschafts- und Zwischenberichte;
    b) die Kosten der Veröffentlichung der Rechenschafts- und Zwischenberichte, der Ausgabe- und Rücknahmepreise sowie der Ausschüttungsbekanntmachungen;
    c) die Kosten für die Prüfung der Sondervermögen;
    d) etwaige Währungskurssicherungskosten;
    e) die Kosten für die Einlösung der Ertragsscheine;
    f) die Kosten für die Ertragsscheinbogenerneuerung;
    g) die Kosten einer etwaigen Börsennotierung und/oder -registrierung der Anteilscheine;
    h) im Zusammenhang mit den Kosten der Verwaltung eventuell entstehende Steuern.

§ 10 Ausschüttungen

1. Die Gesellschaft setzt in ihren Rechenschaftsberichten die Ausschüttung an die Anteilinhaber fest; die Ausschüttungen erfolgen seitens der Depotbank gegen Einreichung der mit den Anteilscheinen ausgegebenen und aufgerufenen Ertragsscheine und werden jeweils an dem in den „Besonderen Bedingungen" bestimmten Termin vorgenommen. Sofern nicht in den „Besonderen Bedingungen" die Ausschüttung und Erträgen überhaupt ausgeschlossen ist, gelangen zur Ausschüttung
   a) auf das Sondervermögen angefallene Dividenden und Zinsen, soweit sie nicht zur Kostendeckung verwendet werden; ein Spitzenbetrag kann auf neue Rechnung vorgetragen werden;
   b) realisierte Kursgewinne, Erlöse aus der Verwertung von Bezugsrechten und Freiaktien sowie ähnliche Einnahmen dees Sondervermögens, soweit sie nicht nach dem Ermessen der Gesellschaft zur Wiederanlage verwendet oder auf neue Rechnung vorgetragen werden.
2. Die Erträge von Rumpfgeschäftsjahren können auf neue Rechnung vorgetragen werden.

§ 11 Rechnungslegung

1. Das Geschäftsjahr des Sondervermögens ist in den „Besonderen Bedingungen" geregelt.
2. Spätestens 2 Monate nach Ablauf des Geschäftsjahres veröffentlicht die Gesellschaft einen Rechenschaftsbericht nach § 25 KAGG; binnen gleicher Frist veröffentlicht die Gesellschaft einen Zwischenbericht nach § 25 KAGG zur Mitte des Geschäftsjahres.
3. Die Sondervermögen und Rechenschaftsberichte sind von einem Wirtschaftsprüfer zu prüfen.
4. Die Berichte werden im Bundesanzeiger veröffentlicht und können im übrigen bei der Gesellschaft, bei der Depotbank nebst ihren Niederlassungen sowie durch Vermittlung sonstiger Kreditinstitute bezogen werden.

§ 12 Kündigung und Auflösung des Sondervermögens

1. Der vorliegende Vertrag ist auf unbestimmte Zeit abgeschlossen und kann nur seitens der Gesellschaft mit einer Frist von mindestens 3 Monaten durch Veröffentlichung im Bundesanzeiger gekündigt werden.
2. Mit dem Wirksamwerden der Kündigung erlischt das Recht der Gesellschaft, das Sondervermögen zu verwalten. In diesem Fall geht das Verfügungsrecht über das Sondervermögen auf die Depotbank über, die es abzuwickeln und an die Anteilinhaber zu verteilen hat. Mit Genehmigung des Bundesaufsichtsamts für das Kreditwesen kann sie jedoch von der Abwicklung und Verteilung abgesehen und

einer anderen Kapitalanlagegesellschaft die Verwaltung des Sondervermögens nach Maßgabe der bisherigen Vertragsbedingungen übertragen.

§ 13 Änderung der Vertragsbedingungen

1. Änderungen dieser Vertragsbedingungen bedürfen der Zustimmung des Aufsichtsrats der Gesellschaft und des Bundesaufsichtsamts für das Kreditwesen.
2. Sie werden im Bundesanzeiger veröffentlicht und treten 3 Monate nach ihrer Bekanntgabe in Kraft, sowie nicht mit Zustimmung des Bundesaufsichtsamts für das Kreditwesen ein früherer Termin genannt wird.

§ 14 Erfüllungsort und Gerichtsstand

Erfüllungsort und Gerichtsstand ist A-Stadt.

Für das Sondervermögen des X-Fonds gelten ergänzend zu den Allgemeinen Bedingungen (§§ 1-14) die nachstehenden

Besonderen Bedingungen

§ 15 Anlagegrundsätze

1. Dem Sondervermögen sollen verschiedene, an mindestens einer Börse in der Bundesrepublik Deutschland oder Berlin (West) notierte oder gehandelte Aktienarten, Wandelschuldverschreibungen oder Optionsanleihen zugeführt werden. Hierbei soll es sich um erstklassige Spitzenwerte handeln, wovon mindestens die Hälfte variabel notiert wird. Kuxe und nicht voll eingezahlte Aktien dürfen ebenfalls erworben werden; letztere jedoch nur insoweit, als der Gesamtbetrag der ausstehenden Einlagen der zwanzigsten Teil des Sondervermögens nicht übersteigt.
2. Vorübergehende Anlagen in festverzinslichen Wertpapieren und/oder Geldmarktpapieren sind anstelle von Bankguthaben zulässig.

§ 16 Ausgabe- und Rücknahmepreis

1. Die Berechnung der Ausgabe- und Rücknahmepeise erfolgt börsentäglich.
2. Der Ausgabeaufschlag zur Abgeltung der Ausgabekosten (§ 8 Abs. 2 Satz 1) beträgt X % des Anteilwertes.

§ 17 Kosten der Verwaltung der Depotbank

1. Die vierteljährliche Vergütung für die Verwaltung des Sondervermögens (§ 9 Abs., 1) beträgt X % o.
2. Die vierteljärige Vergütung für die Depotbank (§ 9 Abs. 2) beträgt X % o.

§ 18 Ausschüttungen

Die Ausschüttung der Erträge erfolgt innerhalb von 2 Monaten nach Ende des Geschäftsjahres.

§ 19 Rechnungslegung

Das Geschäftsjahr des Sondervermögens ist das Kalenderjahr.

MUSTER-VERTRAGSBEDINGUNGEN
ZUR REGELUNG DES RECHTSVERHÄLTNISSES ZWISCHEN
DEN ANTEILINHABERN UND DER X-KAPITALANLAGEGESELLSCHAFT...
IN A-STADT FÜR DAS (DIE) VON DER GESELLSCHAFT
AUFGELEGTE(N) GRUNDSTÜCKSSONDERVERMÖGEN

Allgemeine Bedingungen

§ 1 Grundlagen

1. Die ...., (nachstehend Gesellschaft genannt), ist eine Kapitalanlagegesellschaft und unterliegt den Vorschriften des Gesetzes über Kapitalanlagegesellschaften — KAGG.
2. Die Gesellschaft legt bei ihr eingelegtes Geld im eigenen Namen für gemeinschaftliche Rechnung der Einleger nach dem Grundsatz der Risikomischung in Gründstücken sowie Erbbaurechten (im folgenden Liegenschaften genannt), gesondern von dem eigenen Vermögen, in Form eines Sondervermögens an, dessen Gegenstände im Eigentum der Gesellschaft stehen. Über die sich hieraus ergebenden Rechte der Einleger (Anteilinhaber) stellt sie Urkunden (Anteilscheine) aus.
3. Das Sondervermögen muß nach Ablauf von vier Jahren seit seiner Bildung aus mindestens 10 Grundstücken bestehen.

§ 2 Depotbank

1. Das Sondervermögen hat eine Depotbank im Sinne des KAGG (vgl. » 17 der Vertragsbedingungen).
2. Der Depotbank obliegen die nach dem KAGG und diesen Vertragsbedingungen vorgeschriebenen Überwachungs- und Kontrollaufgaben.
3. Die Depotbank hat insbesondere
   a) den Bestand an Liegenschaften des Sondervermögens laufend zu überwachen;
   b) die zum Sondervermögen gehörenden Geldbeträge und Wertpapiere zu verwahren;
   c) den Verfügungen über Liegenschaften zuzustimmen, wenn sie mit dem KAGG und den Vertragsbedingungen vereinbar sind;
   d) die Ausgabe und Rücknahme von Anteilscheinen vorzunehmen;
   e) den Wert des Sondervermögens (Inventarwert) zu ermitteln und die Berechnung der Ausgabe- und Rücknahmepreise zu überwachen;
   f) die zur Ausschüttung bestimmten Erträge auszuzahlen;
   g) das Sondervermögen im Falle der Auslösung abzuwickeln.

§ 33 Sachverständigenausschuß

1. Die Gesellschaft bestellt für die Bewertung von Liegenschaften mindestens einen Sachverständigenausschuß, der aus wenigstens drei Mitgliedern und einem Ersatzmitglied zu bestehen hat.
2. Die Mitglieder müssen unabhägige, zuverlässige und fachlich geeignete Persönlichkeiten mit besonderen Erfahrungen auf dem Gebiet der Bewertung von Grundstücken sein.
3. Dem Sachverständigenausschuß obliegen die ihm nach dem KAGG und den Vertragsbedingungen übertragenen Aufgaben nach Maßgabe einer im Einvernehmen mit der Gesellschaft zu erlassenden Geschäftsordnung Der Sachverständigenausschuß hat insbesondere zu bewerten:
   a) die zum Erwerb vorgesehenen Liegenschaten;
   b) spätestens alle 12 Monate die zum Sondervermögen gehörenden Liegenschaften;
   c) die zur Veräußerung vorgesehenen Liegenschaften.

§ 4 Fondsverwaltung

1. Die Gesellschaft erwirbt und verwaltet die Gegenstände des Sondervermögens im eigenen Namen für gemeinschaftliche Rechnung der Anteilinhaber mit der Sorgfalt eines ordentlichen Kaufmanns.
2. Die Gesellschaft ist berechtigt, mit den von den Anteilinhabern eingelegten Geldern die Anlagewerte zu erwerben, die im Rahmen der gebotenen Liquiditäts-

haltung jeweils zweckmäßigen Anlagen vorzunehmen sowie alle zur Verwaltung der Vermögenswerte des Sondervermögens erforderlichen Rechtshandlungen vorzunehmen.
3. Darüber hinaus kann die Gesellschaft zum Sondervermögen gehörende Liegenschaften aus wirtschaftlichen Gründen oder zu Vermeidung der Aussetzung der Anteilrücknahme (§ 9 Abs. 3 Satz 3) veräußern; Veräußerungen nach Aussetzung der Anteilrücknahme bleiben unberührt.

§ 5 Kreditaufnahme

1. Die Gesellschaft darf zum Sondervermögen gehörende Liegenschaften belasten, wenn dies im Rahmen einer ordnungsgemäßen Wirtschaftsführung geboten ist und wenn die Depotbank den Belastungen zustimmt, weil sie die dafür vorgesehenen Bedingungen für marktüblich erachtet. Sie darf auch mit dem Erwerb von Liegenschaften im Zusammenhang stehende Belastungen übernehmen. Die einzelne Liegenschaft darf nur insoweit belastet sein oder werden, als ihr dauernder Ertrag gewährleistet ist. Insgesamt dürfen die jeweiligen Belastungen den in den „Besonderen Bedingungen" (§§ 17 ff.) genannten Prozentsatz des Verkehrswertes aller im Sondervermögen befindlichen Liegenschaften nicht überschreiten. Belastungen im Zusammmenhang mit der Aussetzung der Anteilrücknahme und Erbbauzinsen bleiben unberücksichtigt.
2. Darüber hinaus darf die Gesellschaft für gemeinschaftliche Rechnung der Anteilinhaber in besonderen Fällen für kurze Zeit Kredite bis zur Höhe von 10 v. H. des Sondervermögens aufnehmen.

§ 6 Anlagegrundsätze

1. Die Gesellschaft darf für das Sondervermögen die in den „Besonderen Bedingungen" aufgeführten Arten von Liegenschaften erwerben.
2. Die zum Erwerb vorgesehenen Liegenschaften müssen einen dauernden Ertrag erwarten lassen.

§ 7 Anlagegrenzen, Liquiditätspflicht

1. Die Gesellschaft hat bei der Aufnahme von Gegenständen in das Sondervermögen die durch das KAGG und die Vertragsbedingungen gezogenen Grenzen zu beachten.
2. Die Gesellschaft hat mindestens 5 v. H. des Wertes des Sondervermögens in Bankguthaben mit einer Kündigungsfrist von längstens einem Jahr zu unterhalten. In den „Besonderen Bedingungen" wird bestimmt, welcher Anteil des Sondervermögens höchstens in Bankguthaben gehalten werden darf.

3. Bei der Berechnung der Mindestliquidität und der Höchstliquidität bleiben Bankguthaben, die zur Ausschüttung und zur Finanzierung künftiger Instandsetzungen benötigt werden, unberücksichtigt. Das gleiche gilt für zweckgebundene Mittel, die für die bevorstehende Anlage in bestimmten Liegenschaften, für bestimmte Baumaßnahmen und zur Erfüllung innerhalb von zwölf Monaten fällig werdender Verbindlichkeiten benötigt werden.
4. Bankguthaben dürfen in Wertpapieren, die gemäß § 19 Abs. 1 Nr. 3 Buchstaben c, d und e des Gesetzes über die Deutsche Bundesbank lombardfähig sind (Abschnitte III, V und VI des Lombardverzeichnisses), angelegt werden. Dabei dürfen im Einzelfall mit Zustimmung des Bundesaufsichtsamtes für das Kreditwesen Wertpapiere desselben Ausstellers über den Wertanteil von 5 v. H. am jeweiligen Sondervermögen hinaus erworben werden.
5. Beträge, die über den gemäß Abs. zu haltenden Mindestbetrag hinausgehen, können bis zu eiem Betrag von 5 v. H. des Wertes des Sondervermögens auch in an einer deutschen Börse amtlich notierten Aktien und festverzinslichen Wertpapieren gehalten werden; der Erwerb von Kuxen und nicht voll eingezahlten Aktien ist unzulässig.

§ 8 Anteilscheine

1. Die Anteilscheine lauten auf den Inhaber und sind über einen Anteil, fünf Anteile oder eine durch zehn teilbare Anzahl von Anteilen ausgestellt.
2. Die Anteilscheine tragen mindestens die handschriftlichen oder vervielfältigten Unterschriften der Gesellschaft und der Depotbank. Darüber hinaus weisen sie die eigenhändige Unterschrift einer Kontrollperson der Depotbank auf.
3. Die Anteilscheine sind übertragbar. Mit der Übertragung eines Anteilscheines gehen die in ihm verbrieften Rechte auf den Erwerber über. Der Gesellschaft gegenüber gilt der Inhaber des Anteilscheines in jedem Falle als der Berechtigte. Das gleiche gilt für zur Einlösung aufgerufene Ertragsscheine, und zwar auch, wenn die Leistung nicht in der Ausschüttung von Erträgen besteht.

§ 9 Ausgabe und Rücknahme von Anteilscheinen — Rücknahmeaufschub

1. Die Anzahl der Anteile am Sondervermögen und der darüber auszugebenden Anteilscheine ist grundsätzlich nicht begrenzt. Die Gesellschaft behält sich jedoch vor, die Ausgabe von Anteilscheinen vorübergehend oder endgültig einzustellen.
2. Die Anteilscheine können bei der Gesellschaft und der Depotbank erworben werden.
3. Die Anteilinhaber können von der Gesellschaft die Rücknahme der Anteilscheine verlangen. Die Gesellschaft ist verpflichtet, die Anteilscheine auf Verlangen des Inhabers zum jeweils geltenden Rücknahmepreis für Rechnung des Sondervermögens zurückzunehmen. Reichen die Bankguthaben und der Erlös nach § 7

gehaltener Wertpapiere zur Zahlung des Rücknahmepreises und zur Sicherstellung einer ordnungsgemäßen laufenden Bewirtschaftung nicht aus oder stehen sie nicht sogleich zur Verfügung, kann die Gesellschaft zum Schutze der Gesamtheit der Anteilinhaber die Rücknahme befristet verweigern; die Einzelheiten hierzu sind in den „Besonderen Bedingungen" festgelegt.

§ 10 Ausgabe- und Rücknahmepreise

1. Zur Erreichung des Ausgabe- und Rücknahmepreises der Anteilscheine wird der Wert des Sondervermögens (Inventarwert) von der Depotbank im Zusammenwirken mit der Gesellschaft mindestens einmal monatlich ermittelt und durch die Zahl der umlaufenden Anteile geteilt (Anteilwert). Liegenschaften sind dabei mit den vom Sachverständigenausschuß zuletzt ermittelten Verkehrswerten, Wertpapiere mit den zuletzt bekanntgewordenen Kursen oder Preisfeststellungen und Bauleistungen sowie Gegenstände der Betriebs- und Geschäftsausstattung, soweit diese bei der Bewertung der Liegenschaften nicht erfaßt wurden, mit den Buchwerten anzusetzen Geldforderungen und Verbindlichkeiten werden bei der Wertfeststellung grundsätzlich zum Nennwert berücksichtigt, soweit nicht die damit in wirtschaftlichem Zusammenhang stehenden Umstände eine andere Bewertung erfordern.
Auf ausländische Währungen lautende Vermögensgegenstände werden zu den jeweils festgestellten Mittelkursen der Währung in DM umgerechnet.
2. Bei der Festsetzung des Ausgabepreises kann dem Anteilwert zur Abgeltung der Ausgabekosten eine Ausgabeaufschlag hinzugerechnet werden, dessen Höhe sich aus den „Besonderen Bedingungen" ergibt.
3. Außer dem Ausgabeaufschlag werden von der Gesellschaft weitere Beträge von den Zahlungen des Anteilerwerbers zur Deckung von Kosten nur dann verwendet, wenn dies die „Besonderen Bedingungen" vorsehen.
4. Der Rücknahmepreise ist der nach Abs. 1 ermittelte und gegebenenfalls nach Maßgabe der „Besonderen Bedingungen" abgerundete Anteilwert. Er wird von der Depotbank ohne jeden weiteren Abschlag erstattet.
5. Abrechnungsstichtag ist spätestens der auf den Eingang des Kauf- oder Verkaufsauftrages bei der Gesellschaft folgende Bankarbeitstag. Sofern die Gesellschaft die Rücknahme gemäß § 9 Abs. 3 aussetzt, erfolgt diese zu dem im Zeitpunkt der tatsächlichen Durchführung der Rücknahme geltenden Rücknahmepreis.

§ 11 Kosten

1. Die Gesellschaft erhält für die Verwaltung des Sondervermögens die in den „Besonderen Bedingungen" angegebenen Vergütungen.
2. Die Depotbank erhält für ihre Tätigkeit eine Vergütung nach Maßgabe der „Besonderen Bedingungen".

3. Außerdem gehen die folgenden Aufwendungen zu Lasten des Sondervermögens:
   a) im Zusammenhang mit dem Erwerb, der Bebauung, der Veräußerung und der Belastung von Liegenschaften entstehende Nebenkosten;
   b) bei der Verwaltung von Liegenschaften entstehende Fremkapital- und Bewirtschaftungskosten (Verwaltungs-, Instandhaltungs-, Betriebs- und Rechtsverfolgungskosten);
   c) Kosten des Sachverständigenausschusses;
   d) Kosten für den Druck, den Versand und die Veröffentlichung der Rechenschafts- und Zwischenberichte;
   e) Kosten der Veröffentlichung der Ausgabe- und Rücknahmepreise sowie der Ausschüttungsbekanntmachungen;
   f) Prüfungskosten für das Sondervermögen;
   g) etwaige Kosten für Einlösung der Ertragsscheine;
   h) etwaige Kosten der Ertragsschein-Bogenerneuerung;
   i) für das Sondervermögen und im Zusammenhang mit den Kosten der Verwaltung des Sondervermögens etwa entstehende Steuern;
   j) etwaige Währungs-Kurssicherungskosten.
4. Soweit die Gesellschaft dem Sondervermögen eigene Aufwendungen nach Abs. 3 belastet, müssen diese billigem Ermessen entsprechen. Diese Aufwendungen werden in den Rechenschaftsberichten aufgegliedert ausgewiesen.

§ 12 Ausschüttungen

1. Umfang und Verfahren der Ausschüttungen ergeben sich aus den „Besonderen Bedingungen".
2. Erträge, die für künftige Instandsetzungen von Gegenständen des Sondervermögens erforderlich sind, dürfen nicht ausgeschüttet werden.

§ 13 Geschäftsjahr, Rechnungslegung

1. Das Geschäftsjahr des Sondervermögens ist in den „Besonderen Bedingungen" bestimmt.
2. Spätestens drei Monate nach Ablauf eines jeden Geschäftsjahres veröffentlicht die Gesellschaft einen Rechenschaftsbericht nach §§ 25, 34 KAGG.
3. Binnen gleicher Frist veröffentlicht die Gesellschaft einen Zwischenbericht nach §§ 25, 34 KAGG zur Mitte des Geschäftsjahres.
4. Die Gesellschaft veröffentlicht die Berichte im Bundesanzeiger. Sie sind ferner bei der Gesellschaft und bei der Depotbank erhältlich.

§ 14 Kündigung und Auflösung des Sondervermögens

1. Die Gesellschaft kann die Verwaltung des Sondervermögens durch Veröffentlichung im Bundesanzeiger kündigen. Sie ist verpflichtet, die Verwaltung des Son-

dervermögens auf Verlangen des Bundesaufsichtsamtes für das Kreditwesen zu kündigen, wenn das Sondervermögen nach Ablauf von vier Jahren seit seiner Bildung nicht aus mindestens zehn Grundstücken besteht. Die Kündigungsfrist ist in den „Besonderen Bedingungen" festgelegt.

2. Mit dem Wirksamwerden der Kündigung erlischt das Recht der Gesellschaft, das Sondervermögen zu verwalten. In diesem Falle geht das Sondervermögen auf die Depotbank über, die es abzuwickeln und an die Anteilhaber zu verteilen hat. Für die Zeit der Abwicklung kann die Depotbank die Verwaltungsvergütungen entsprechend § 11 Abs. 1 in Verbindung mit den „Besonderen Bedingungen" beanspruchen. Mit Genehmigung des Bundesaufsichtsamtes für das Kreditwesen kann die Depotbank von der Abwicklung und Verteilung absehen und einer anderen Kapitalanlagegesellschaft die Verwaltung des Sondervermögens nach Maßgabe der bisherigen Vertragsbedingungen übertragen.

3. Gelangen bei der Auflösung des Sondervermögens nicht alle Anteilscheine zur Einlösung, so kann der auf diese Anteilscheine entfallende Liquidationserlös nach einer Frist von zwei Jahren bei dem für die Gesellschaft örtlich zuständigen Amtsgericht hinterlegt werden.

§ 15 Änderung der Vertragsbedingungen

1. Änderungen dieser Vertragsbedingungen bedürfen der Zustimmung des Aufsichtsrates der Gesellschaft sowie der Zustimmung durch das Bundesaufsichtsamt für das Kreditwesen.

2. Sie werden im Bundesanzeiger veröffentlicht und treten drei Monate nach ihrer Bekanntgabe in Kraft, soweit nicht mit Zustimmung des Bundesaufsichtsamtes für das Kreditwesen ein früherer Termin genannt wird.

§ 16 Erfüllungsort/Gerichtsstand

1. Erfüllungsort ist der Sitz der Gesellschaft.

2. Hat der Anteilinhaber im Inland keinen allgemeinen Gerichtsstand, so ist der Sitz der Gesellschaft Gerichtsstand.

Literaturverzeichnis

Achterberg, E.: Schweizerische Investment-Trusts, Zeitschrift für das gesamte Kreditwesen 1950, S. 434.

Amonn, K.: Das Schweizerische Anlagefondsgesetz, in: Die Aktiengesellschaft 1968, S. 227 und S. 254.

Assfalg, D.: Die Behandlung von Treugut im Konkurse des Treuhänders, Berlin/Tübingen 1960.

Bähre, J.L./*Schneider*, M.: KWG-Kommentar, 2., neubearbeitete Auflage, München 1976.

Ballerstedt, K.: Der gemeinsame Zweck als Grundbegriff des Rechts der Personalgesellschaften, Juristische Schulung 1965, S. 253.

— Zur Haftung für culpa in contrahendo bei Geschäftsabschluß durch Stellvertreter, Archiv für civilistische Praxis 151, S. 501.

Barlet, K./*Karding*, E.: Hypothekenbankgesetz, München und Berlin 1957.

Barocka, E.: Investment-Sparen und Investment-Gesellschaften, Stuttgart 1956.

Bauer, G.: Das AGB-Gesetz und seine Auswirkungen auf das Recht der Allgemeinen Versicherungsbedingungen (AVB), Betriebs-Berater 1978, S. 476.

Baumbach, A./*Duden*, K./*Hopt*, K.J.: Handelsgesetzbuch, 27. Auflage, München 1987.

Baumbach, A./*Lauterbach*, W./*Albers*, J./*Hartmann*, P.: Zivilprozeßordnung, 42. Auflage, München 1984.

Baur, J.: Investmentgesetze, Berlin 1970.

— Das Investmentwesen in der Schweiz, Bank-Betrieb 1968, S. 370.

Baum, G.: Schutz und Sicherung des Investmentsparers bei Kapital-Anlagegesellschaften und Investment-Trusts, Diss. Mainz 1959.

Bellinger, D./*Kerl*, V.: Hypothekenbankgesetz, 3., völlig neu bearbeitete und erweiterte Auflage des von K. Barlet und E. Harding begründeten und von R. Fleischmann in 2. Auflage fortgeführten Werkes, München 1979.

vom *Berge* und *Herrendorff*, H.S.: Der Schutz des Investmentsparers, Diss. Köln 1962.

Berliner, L./*Fromm*, E. G.: Gesetz über die Beaufsichtigung der privaten Versicherungsunternehmungen und Bausparkassen vom 6. Juni 1931, 4. Auflage, München 1932.

Beyer-Fehling, H.: Die zweite Novelle zum Investment-Gesetz, Zeitschrift für das gesamte Kreditwesen, 18. Jahrgang 1965, Heft 4, S. 128.

Bischoff, F.: Zulässigkeit und Existenz von Sondervermögen, DVBl. 1956, S. 187.

von *Caemmerer*, E.: Kapitalanlage- oder Investmentgesellschaften, JZ 1958, S. 41.

Canaris, C.-W.: Bankvertragsrecht, 2. Auflage, Berlin/New York 1981.
— Geschäfts- und Verschuldensfähigkeit bei Haftung aus „culpa in contrahendo", Gefährdung und Aufopferung, NJW 1964, 1987.
— Die Verdinglichung obligatorischer Rechte im System des geltenden Rechts, Festschrift für Werner Flume zum 70. Geburtstag, Köln 1978.
Coing, H.: Die Treuhand kraft privaten Rechtsgeschäfts, München 1973.
Conrad, H.: Deutsche Rechtsgeschichte, Band I, Karlsruhe 1962.
Delorme, H./*Hoessrich*, H.-J.: Konsortial- und Emissionsgeschäft, 2. überarbeitete und erweiterte Auflage, Frankfurt 1971.
von Dietel, R.: Die Ausübung der Mitgliedschaftsrechte durch Kapitalanlagegesellschaften aus den Beteiligungen, die zu einem Sondervermögen (Fonds) gehören, Diss. Mainz 1963.
Dölle, H.: Neutrales Handeln im Privatrecht, Festschrift für Fritz Schulz, Weimar 1951, 2. Band, S. 268.
Doris, Ph.: Die rechtsgeschäftliche Ermächtigung bei Vornahme von Verfügungs-, Verpflichtungs- und Erwerbsgeschäften, Münchner Universitätsschriften, Reihe der Juristischen Fakultät, Band 27, München 1974.
Drechsler, A.W.: Die Sicherung der Pfandbriefgläubiger, Diss. Nürnberg 1958.
Dulckeit, G.: Die Verdinglichung obligatorischer Rechte, Recht und Staat in Geschichte und Gegenwart, 158/159, Tübingen 1951.
Dürre, G.: Investmentsparen und Investmentgesellschaften, Sparkasse 1956, Heft 10, S. 147; 1956, Heft 14, S. 219 und 1957, Heft 9, S. 132.
Ebner von Eschenbach, H.-C. Frhr.: Die Rechte des Anteilinhabers nach dem Gesetz über Kapitalanlagegesellschaften, Diss. Erlangen 1959.
Eisenmenger, H.: Trustgeschäft und Vermögensverwaltung durch Kreditinstitute, Veröffentlichungen des Instituts für Bankwirtschaft und Bankrecht an der Universität Köln, Band XV, Frankfurt 1966.
Enneccerus, L./*Nipperdey*, H.C.: Allgemeiner Teil des Bürgerlichen Rechts, 15. Auflage, Band 1, Erster Halbband, Tübingen 1959; Zweiter Halbband, Tübingen 1960.
Esser, J.: Schuldrecht, Band II, 3. völlig neu bearbeitete Auflage, Karlsruhe 1969.
Esser, J./*Schmidt*, E.: Schuldrecht, Band I, Allgemeiner Teil, Karlsruhe 1975.
Fikentscher, W.: Zu Begriff und Funktion des „gemeinsamen Zwecks" im Gesellschafts- und Kartellrecht, Festschrift für Harry Westermann zum 65. Geburtstag, Karlsruhe 1974, S. 87.
Flachmann, K./*Scholtz*, R.D./*Schork*, L./*Schuster*, L./*Steder*, K.H.: Investment — Ergänzbares Handbuch für das gesamte Investmentwesen, Stand: 1987.
Flume, W.: Allgemeiner Teil des Bürgerlichen Rechts, 2. Band, dritte, ergänzte Auflage, Berlin/Heidelberg/New York 1979.
Fromm, G. E./*Goldberg*, A.: Versicherungsaufsichtsgesetz und Bundesaufsichtsgesetz, Berlin 1966.
Gericke, K.: Rechtsfragen zum Investmentsparen, Der Betrieb 1959, S. 1276.
Geßler, E.: Das Recht der Investmentgesellschaften und ihrer Zertifikatsinhaber, Wertpapier-Mitteilungen 1957, Sonderbeilage Nr. 4 zu Teil IV B Nr. 20 vom 18. Mai 1957, S. 10.

von Gierke, O.: Deutsches Privatrecht, Zweiter Band, Leipzig 1905.

Goldberg, A./*Müller*, H.: Versicherungsaufsichtsgesetz, Berlin/New York 1980.

Graulich, W.: Die Rechtsverhältnisse der Sondervermögen (Investmentfonds) nach dem Gesetz über Kapitalanlagegesellschaften im Vergleich zu den Rechtsverhältnissen anderer Sondervermögen des Privatrechts, Diss. Mainz 1968.

Hadding, W.: Welche Maßnahmen empfehlen sich zum Schutz des Verbrauchers auf dem Gebiet des Konsumentenkredits?, Gutachten zum 53. Deutschen Juristentag, Berlin 1980, München 1980.

Hartmann, W.: Der Trust im englischen Recht, Diss. Zürich 1956.

Heinsius, Th./*Horn*, A./*Than*, J.: Depotgesetz, Berlin/New York 1975.

Henckel, W.: Parteilehre und Streitgegenstand im Zivilprozeß, Heidelberger Rechtswissenschaftliche Abhandlungen, Neue Folge, 8. Abhandlung, Heidelberg 1961.

Herrmann, H.: Die Sachwalterhaftung vermögenssorgender Berufe, Juristenzeitung 1983, S. 422.

Hintner, O.: Das Treuhandwesen in der deutschen Volkswirtschaft, München/Berlin/ Leipzig 1926.

Hofmann, A.: Hypothekenbankgesetz, Berlin und Frankfurt/M. 1964.

Hueck, A.: Das Recht der offenen Handelsgesellschaft, 4. neubearbeitete Auflage, Berlin/New York 1971.

Hueck, A./*Canaris*, C.-W.: Das Recht der Wertpapiere, 11. neubearbeitete und stark erweiterte Auflage, München 1977.

Klenk, F.E.: Die rechtliche Behandlung des Investmentanteils, Bankrechtliche Sonderveröffentlichungen des Instituts für Bankwirtschaft und Bankrecht an der Universität zu Köln, Band 4, 1967.

Koch, H.-J.: Der Treuhänder nach dem Versicherungsaufsichtsgesetz vom 6. Juni 1931, Diss. Göttingen 1939.

Knoblich, G.: Die Rechtsverhältnisse bei den Investment-Gesellschaften, insbesondere die rechtliche Stellung der Inhaber von Anteilscheinen, Diss. Erlangen 1953.

Koenige, H./*Petersen*, A./*Wirth*, K.: Gesetz über die Beaufsichtigung der privaten Versicherungsunternehmungen und Bausparkassen vom 6. Juni 1931, Berlin und Leipzig 1931.

Köndgen, J.: Selbstbindung ohne Vertrag, Tübingen 1981.

Koenigs, F.: Die stille Gesellschaft, Berlin 1961.

Kötz, H.: Trust und Treuhand, Göttingen 1963.

Kohler, J.: Über das Recht der Stiftungen, Archiv für Bürgerliches Recht, 3. Band 1890, S. 228.

Larenz, K.: Culpa in contrahendo, Verkehrssicherungspflicht und „sozialer Kontakt", Monatsschrift für Deutsches Recht 1954, S. 515.

Lehmann, W./*Schäfer*, O.: Bausparkassengesetz und Bausparkassenverordnung, Bonn 1977.

Lent, F.: Zur Lehre von der Partei kraft Amtes, Zeitschrift für Deutschen Zivilprozeß, Band 62 (1941), S. 129.

Liebich, D./*Mathews,* K.: Treuhand und Treuhänder in Recht und Wirtschaft, 2. erneuerte und erweiterte Auflage, Herne/Berlin 1983.

Liefmann, R.: Beteiligungs- und Finanzierungsgesellschaften, 5. Auflage, Jena 1931.

Linhardt, H.: Die Britischen Investment-Trusts, Berlin und Wien 1935.

Lobscheid, H.G.: Der Treuhänder für das Deckungskapital privater Versicherungsunternehmen, Berlin 1963.

Löwe, W./*Graf von Westphalen,* F./*Trinkner,* R.: Kommentar zum Gesetz zur Regelung des Rechts der Allgemeinen Geschäftsbedingungen, Heidelberg 1977.

Ludewig, W.: Die Ermächtigung nach bürgerlichem Recht, Marburg 1922.

Luggen, P.: Die Schweizerischen Immobilien Investment Trusts, Diss. Bern 1955.

Martin, R.: Kritische Betrachtungen zur Lehre vom Sondervermögen, Archiv für die Civilistische Praxis, 102. Band, 1907, S. 444.

Medicus, D.: Drittbeziehungen im Schuldverhältnis, Juristische Schulung 1974, S. 613.

Meyer-Cording, U.: Investment-Gesellschaften, Zeitschrift für das gesamte Handelsrecht, 115. Band, 1952, S. 65.

Müller, G.: Die Rechtsstellung der Depotbank im Investmentgeschäft, Diss. Genf 1969.

Müller, K.: Die Überwachung der Geschäftstätigkeit der Kapitalanlagegesellschaft durch die Depotbank, NJW 1975, S. 485.

Münchner Kommentar zum Bürgerlichen Gesetzbuch, 2. Auflage, 2. Band, § 275, bearbeitet von V. Emmerich, München 1985; 3. Band, 2. Halbband, §§ 705-740, bearbeitet von P. Ulmer, München 1980.

Opitz, G.: Depotgesetz, 2. Auflage, Berlin 1955.

— Die Treumacht, Zeitschrift für das gesamte Kreditwesen 1954, S. 512 (Teil I).

von Pannwitz, H.-C.: Verfügungsmacht und Verfügungsbeschränkung der Kapitalanlagegesellschaft nach § 8 Abs. I und II KAGG, Diss. München 1961.

Paulick, H.: Handbuch der stillen Gesellschaft, 3. überarbeitete und ergänzte Auflage, Köln 1981.

Podewils, M.: Investmentgesellschaften in der Bundesrepublik, Diss. Köln 1960.

Prause, F.: Das Recht des Schiffskredits, 2., neubearbeitete Auflage, Berlin 1968.

Praxl, H.: Der Treuhänder nach dem Hypothekenbankgesetz und die Aufsichtsbehörde, Diss. Freiburg 1966.

Priester, H.-J.: Nachahmungsschutz für Dienstleistungsmodelle, Beiträge zum Privat- und Wirtschaftsrecht, Karlsruhe, Heft 5.

Prölss, E. R./*Schmidt,* R./*Frey,* P.: Versicherungsaufsichtsgesetz, 9., völlig neubearbeitete Auflage, München 1983.

Quassowski, L./*Schröder,* : Bankdepotgesetz, Berlin 1937.

Reichsgerichtsräte: Das Bürgerliche Gesetzbuch mit besonderer Berücksichtigung der Rechtsprechung des Reichsgerichts und des Bundesgerichtshofes, 12., neubearbeitete Auflage, Band II, 4. Teil, bearbeitet von E. Steffen, Berlin/New York 1978.

Reinhardt, R./*Erlinghagen,* P./*Schuler,* H.: Die rechtsgeschäftliche Treuhand — ein Problem der Rechtsfortbildung, Juristische Schulung 1962, S. 41.

Reuter, G.: Investmentfonds und die Rechtsstellung der Anteilinhaber, Diss. Frankfurt 1965.

Rosenberg, L./*Schwab*, K. H.: Zivilprozeßrecht, 14. Auflage, München 1986.

Roth, G. H.: Das Treuhandmodell des Investmentrechts. Eine Alternative zur Aktiengesellschaft?, Wirtschaftsrecht und Wirtschaftspolitik in Verbindung mit K. Biedenkopf und E. Hoppmann, herausgegeben von E.J. Mestmäcker, Band 30, Frankfurt 1972.

Roth, H.: Der Trust in seinem Entwicklungsgang vom Feoffee to Uses zur amerikanischen Trust Company, Arbeiten zum Handels-, Gewerbe- und Landwirtschaftsrecht, Marburg 1928 (zit.: H. Roth, Der Trust).

Schäcker, H.E.: Entwicklung und System des Investmentsparens, Frankfurt 1961.

Schlegelberger, F./*Hefermehl*, W.: Handelsgesetzbuch, 5., neubearbeitete Auflage, Band VI, München 1977.

Schmidt, K.: Gesellschaftsrecht, Köln/Berlin/Bonn/München 1986.

Schönle, H.: Bank- und Börsenrecht, München 1976.

Scholze, H.: Das Konsortialgeschäft der deutschen Banken, 1. Halbband, Berlin 1973.

Schuler, H.: Kapitalanlagegesellschaften, ihre Sondervermögen und Anteilscheine, NJW 1957, S. 1049.

Schulze-Osterloh, J.: Das Prinzip der Gesamthänderischen Bindung, München 1972.

— Der gemeinsame Zweck der Personengesellschaften, Berlin/New York 1973.

Schulze, A.: Treuhänder im geltenden bürgerlichen Recht, Iherings Jahrbücher für die Dogmatik des bürgerlichen Rechts, 2. Folge, 7. Band, 1901, S. 1.

Schwark, E.: Börsengesetz, München 1976.

Schwarz, B.: Kommentar zur Abgabenordnung, Loseblattsammlung, Freiburg, Stand: 1987.

Siara, G./*Tormann*, W.: Gesetz über Kapitalanlagegesellschaften vom 16. April 1957, Frankfurt/M. 1957.

Siebert, W.: Das rechtsgeschäftliche Treuhandverhältnis, Arbeiten zum Handels-, Gewerbe- und Landwirtschaftsrecht, Nr. 68, Marburg 1933.

Soergel: Bürgerliches Gesetzbuch, 11. neubearbeitete Auflage, Band 1, Allgemeiner Teil, §§ 164-176, bearbeitet von H. Schultze v. Lasaulx, Stuttgart 1978; Band 2/1, Schuldrecht I/1, § 275, bearbeitet von H. Wiedemann, Stuttgart 1986; Band 3, Schuldrecht II, §§ 662-704, bearbeitet von O. Mühl, Stuttgart 1980; Band 4, Schuldrecht III, §§ 705-758, bearbeitet von W. Hadding, Stuttgart 1985.

Spoerri, R.: Der Investment Trust nach schweizerischem Recht, Basel 1958.

Spohr, W.: Die Rechtsstellung des Treuhänders nach dem Gesetz über die Beaufsichtigung der privaten Versicherungsunternehmungen und Bausparkassen, Juristische Rundschau für die Privatversicherung 1934, Nr. 21, S. 321, und Nr. 24, S. 369.

von Spreckelsen, H.: Der Begriff des privatrechtlichen Amtes unter besonderer Berücksichtigung der Testamentsvollstreckung, Studien zur Erläuterung des bürgerlichen Rechts, 41. Heft, Berlin 1927.

Staudinger: Kommentar zum Bürgerlichen Gesetzbuch, 12. neubearbeitete Auflage, Erstes Buch, Allgemeiner Teil, bearbeitet von H. Dilcher, Berlin 1980; Zweites Buch, Gesetz zur Regelung des Rechts der Allgemeinen Geschäftsbedingungen, bearbeitet von P. Schlosser, Berlin 1983; Recht der Schuldverhältnisse, §§ 657-687, bearbeitet von R. Wittmann, Berlin 1980; §§ 688-700, bearbeitet von D. Reuter, Berlin 1980; §§ 705-740, bearbeitet von E. Kessler, Berlin 1980; §§ 741-758, bearbeitet von U. Huber, Berlin 1986; §§ 779-811, bearbeitet von P. Marburger, Berlin 1986.

Steckhan, H.W.: Die Innengesellschaft, Berliner Juristische Abhandlungen, Band 12, Berlin 1966.

Steder, K.H.: Die neue Investmentgesetzgebung, Wertpapier-Mitteilungen 1969, Sonderbeilage 2, S. 2.

Stein-Jonas: Zivilprozeßordnung, 19. Auflage, Tübingen 1972.

Stobbe, V.: Über die Salmannen, Zeitschrift für Rechtsgeschichte, 7. Band, 1868, S. 405.

Strauch, D.: Mehrheitlicher Rechtsersatz, Schriften zum Deutschen und Europäischen Zivil-, Handels- und Prozeßrecht, Band 73, Bielefeld 1972.

Studienkommentar zum BGB: Zweite überarbeitete und ergänzte Auflage, §§ 1-240, bearbeitet von W. Hadding, Frankfurt 1979.

Szagunn, V./*Wohlschieß*, K.: Gesetz über das Kreditwesen, 4., völlig neubearbeitete Auflage, Stuttgart/Berlin/Köln/Mainz 1986.

von der Thüsen, E.: Treuhänderfragen, Juristische Rundschau für die Privatversicherung, 1936, S. 139 und S. 145.

Tormann, W.: Investment behebt drei Hindernisse beim Wertpapiererwerb, Das Wertpapier 1956, S. 206.

— Das neue Gesetz über Kapitalanlagegesellschaften, Das Wertpapier 1957, S. 142.

Tyrell, H.: Fiduziarische Geschäftsführungsverhältnisse im englischen Recht, Leipzig 1933.

Ulmer, P./*Brandner*, H. E./*Hensen*, H. D.: AGB-Gesetz, 4. Auflage, Köln 1982.

Walter, G.: Das Unmittelbarkeitsprinzip bei der fiduziarischen Treuhand, Tübingen 1974.

Wendt, P.: Treuhandverhältnisse nach dem Gesetz über Kapitalanlagegesellschaften, Diss. Münster 1968.

Wernicke, C.P.: Die Jahresabschlußprüfung bei Kapitalanlagegesellschaften, Diss. München 1969

Westermann, H.P.: Das Emissionskonsortium als Beispiel der gesellschaftsrechtlichen Typendehnung, Aktiengesellschaft 1967, S. 285.

— Vertragsfreiheit und Typengesetzlichkeit im Recht der Personengesellschaften, Berlin/Heidelberg/New York 1970.

Wille, S.: Die Rechtsstellung des Treuhänders im Hypothekenbankgesetz, Diss. Erlangen 1909.

Zimmermann, O.: Die sachenrechtlichen Beziehungen in der rechtsgeschäftlich begründeten Treuhand nach englisch-amerikanischem Rechte, Leipziger rechtswissenschaftliche Studien, Heft 51, Leipzig 1930.

Zöllner, W.: Wertpapierrecht, 14. neubearbeitete Auflage, München 1987.

Abkürzungen

Hinsichtlich der verwendeten Abkürzungen wird auf Kirchner, Abkürzungsverzeichnis der Rechtssprache, 3. Auflage 1983, Bezug genommen.

Printed by Libri Plureos GmbH
in Hamburg, Germany